LA RESPONSABILITÉ DES MINISTRES

RENDUE EFFECTIVE

AINSI QUE CELLE DE TOUS LES ADMINISTRATEURS PUBLICS OU PRIVÉS

PAR LA DÉCOUVERTE DE LA COMPTABILITÉ VÉRITABLE

RÉALISANT L'UNIFICATION ABSOLUE DE TOUTES LES COMPTABILITÉS

PAR

F.-E. GUYARD

EX OFFICIER D'ARTILLERIE DE LA MARINE
AGENT COMPTABLE PRINCIPAL DE LA MARINE, EN RETRAITE
CHEVALIER DE LA LÉGION D'HONNEUR

« Le dépositaire doit rendre identiquement la chose même qu'il a reçue. »
(*Art. 1,932 du Code civil.*)

PARIS
LIBRAIRIE GUILLAUMIN ET Cie
RUE RICHELIEU, 14.

1884

LA

RESPONSABILITÉ DES MINISTRES

RENDUE EFFECTIVE

SAINT-DENIS. — IMPRIMERIE DE CH. LAMBERT, 17, RUE DE PARIS.

LA

RESPONSABILITÉ

DES MINISTRES

RENDUE EFFECTIVE

AINSI QUE CELLE DE TOUS LES ADMINISTRATEURS PUBLICS OU PRIVÉS

PAR LA DÉCOUVERTE DE LA COMPTABILITÉ VÉRITABLE

RÉALISANT L'UNIFICATION ABSOLUE DE TOUTES LES COMPTABILITÉS

PAR

F.-E. GUYARD

EX OFFICIER D'ARTILLERIE DE LA MARINE
AGENT COMPTABLE PRINCIPAL DE LA MARINE, EN RETRAITE
CHEVALIER DE LA LÉGION D'HONNEUR

« Le dépositaire doit rendre identiquement la chose même qu'il a reçue. »
(*Art.* 1,932 *du Code civil.*)

PARIS
LIBRAIRIE GUILLAUMIN ET Cie
RUE RICHELIEU, 14.

1884

AVANT-PROPOS

L'opinion publique se préoccupe chaque jour davantage de pouvoir rendre effective la responsabilité des ministres et de tous les agents de l'État, qui, jusqu'à ce jour, est restée toute platonique.

La solution de ce problème est, en effet, une condition impérieuse de la bonne administration du pays, partant, de sa prospérité, et aussi de l'ordre et de la confiance qu'il importe de voir régner dans l'État. Si cela est vrai pour tout gouvernement parlementaire, pour une république démocratique cela peut être une question de vie ou de mort, parce qu'il est dans l'essence même de ce gouvernement que ceux qui exercent le pouvoir et gèrent la fortune publique ne le fassent qu'à titre de mandataires, et qui dit mandataire dit responsable. Or, il sera impossible de se contenter bien longtemps encore d'une responsabilité purement nominale, bonne tout au plus à affirmer le principe, et, dès aujourd'hui, on peut dire qu'il est urgent de faire passer cette responsabilité dans les faits.

Comment y parvenir ? Il ne semble point que, jusqu'ici, la question ait fait un seul pas et nous nous trouvons encore en présence d'un pur desideratum. Frappé de ce fait, et pénétré, depuis longtemps, de la nécessité de rendre effective la responsabilité ministérielle, nous nous sommes demandé si la solution de ce problème ne se trouverait pas dans un moyen bien simple, bien humble, qu'on a sous la main, mais auquel on ne songe pas à recourir, peut-être à cause de son humilité même et aussi, il faut bien le dire, parce que, dans l'état d'imperfection où il se trouve encore aujourd'hui, après de nombreuses tentatives toujours vaines faites pour l'améliorer, ce moyen ne laisse pas soupçonner qu'il est de nature à donner la solution recherchée.

Nous voulons parler de la comptabilité, qui, si on la conçoit et l'applique d'une manière rationnelle, ne peut manquer d'indiquer fidèlement, à chaque moment, les actes de l'administration, aux différents degrés de la hiérarchie, avec leurs conséquences économiques.

Mais, ici, il faut s'entendre, car il y a deux ordres de responsabilités, parce qu'il y a deux ordres de mesures que les ministres et leurs agents peuvent être amenés à prendre : les mesures politiques proprement dites et les mesures économiques.

Bien que les premières aient toujours, tôt ou tard, une influence sur la prospérité d'un pays, cette influence est indirecte et ne se fait sentir que lorsque, pour l'application des mesures politiques, les ministres et leurs agents sont amenés à les traduire par des mesures administratives. Nous ne visons donc que les mesures économiques, c'est-à-dire purement administratives, et les responsabilités qui en découlent, et, sur celles-là, la comptabilité peut faire, en temps opportun, si elle est bien conçue, une lumière complète.

Or, qu'on veuille bien le remarquer, ce sont précisément

les responsabilités administratives qu'il importe de trouver le moyen de définir, de limiter et de saisir, car c'est dans ce domaine qu'à la faveur de l'obscurité, les abus prennent naissance, se perpétuent et grossissent au point de devenir insupportables.

Quant aux mesures politiques, elles frappent, au contraire, tout le monde ; on les voit immédiatement et immédiatement on peut les juger, elles et leurs auteurs. Bien autrement dangereux sont les errements suivis au sein des administrations publiques, si ces errements sont mauvais, d'abord parce qu'avec les écritures employées aujourd'hui on ne les connaît pas et ensuite parce qu'ils ne sauraient être jugés *a priori*, et ne peuvent l'être que par leurs résultats économiques.

Voilà pourquoi, après mûre réflexion et après avoir longuement étudié comment les choses se passent dans les services publics, nous pensons que la solution doit être cherchée dans la comptabilité. Mais, pour cela, faudrait-il qu'il existât une comptabilité publique. Or, nous le disons sans crainte d'être taxé d'exagération, et, d'ailleurs, nous en démontrerons la vérité, l'État ne possède aujourd'hui que des écritures auxquelles on ne saurait raisonnablement donner le nom de comptabilité ; moins heureux que le plus humble commerçant, il ne peut pas connaître, même approximativement, le chiffre de sa fortune et il n'en peut pas suivre les fluctuations ; les écritures qu'il tient lui permettent à peine de justifier, longtemps après que les faits se sont passés, de l'emploi des crédits budgétaires (nous ne disons pas de justifier de leur emploi plus ou moins habile ou plus ou moins conforme aux lois et règlements) et de dresser des statistiques d'objets en magasin, tout cela sans qu'il y ait entre les recettes et les dépenses, les productions et les consommations, une corrélation intime qui assure le contrôle automatique des écritures et des faits qu'elles décrivent, et qui permette, en même temps, au public ou à ses représentants, aussi bien qu'aux administrateurs eux-mêmes, d'établir le rapport entre la dépense *réelle* et le service rendu. Évidemment, ce n'est pas avec des écritures de ce genre, dont l'insuffisance est attestée par des enquêtes officielles et par les rapports des commissions qui ont toutes conclu à la nécessité d'une profonde réforme, laquelle n'a jamais pu être opérée, que l'on pourrait se flatter d'obtenir les résultats auxquels nous croyons possible d'atteindre par une comptabilité véritable et rationnelle.

Pour arriver au but que nous nous proposions, nous avions donc à fixer, tout d'abord, les principes sur lesquels doit reposer une comptabilité véritable et rationnelle. Nous disons qu'ils étaient encore à fixer, parce que, malheureusement, la comptabilité appliquée dans les affaires privées est défectueuse aussi bien que la comptabilité publique. Il est vrai que ses défauts ne sont pas les mêmes et qu'elle est plus près de la vérité, son objectif étant meilleur; mais ses procédés, d'ailleurs variables à l'infini, ne lui permettent pas de donner une situation exacte, ni de délimiter et de saisir les responsabilités, comme cela est indispensable dans les administrations de l'État.

Nous nous sommes donc attaché à dégager ces principes; nous avons fait cette étude sans aucun parti pris, en dehors de toute méthode et de tout système particulier, et, s'il nous a fallu beaucoup de temps et de réflexion pour résister aux entraînements de la routine et pour nous affranchir des illusions que causent les comptabilités actuelles, nous en avons été récompensé par la découverte de lois qui nous semblent revêtir un caractère vraiment scientifique et être d'une application universelle; de telle sorte qu'en cherchant uniquement à redresser la comptabilité publique, afin de rendre réelle la responsabilité des actes administratifs en permettant de connaître et d'apprécier ceux-ci, nous avons été assez heureux pour découvrir le moyen de faire l'unification absolue de la comptabilité, désirée depuis si longtemps, mais à laquelle on semblait avoir renoncé en désespoir de cause, en présence de l'insuccès des travaux de congrès tenus récemment, après une très longue préparation, par la corporation des comptables de l'industrie et du commerce.

Au surplus, en commençant nos recherches, nous avions pressenti que l'esprit d'analyse appliqué sans aucun parti pris à l'étude de la comptabilité, devait permettre de découvrir des règles immuables, applicables, par conséquent, à tous les genres d'entreprises publiques ou privées, et qui permissent de rendre un compte exact de toutes les opérations et de la situation générale qui en résulte. La comptabilité, en effet, n'est autre chose, en définitive, que de l'arithmétique, et elle doit, immanquablement, arriver à des résultats exacts, pourvu qu'elle évite de créer des confusions, danger où elle ne tombe que si elle dénature les faits qu'elle a mission d'enregistrer.

On jugera si nous nous sommes trompé en croyant que nous avions posé les bases d'une comptabilité rationnelle. Mais, cela fût-il vrai, nous ne regretterions pas d'avoir du moins montré dans quel esprit il faut y travailler, et d'avoir indiqué la voie où l'on peut espérer trouver enfin un moyen d'assurer les responsabilités administratives, celles précisément qui sont aujourd'hui les plus difficiles à mettre en lumière.

Ajoutons que nous avons essayé de faire un travail complet

et d'indiquer comment les principes que nous posions devaient être appliqués dans la pratique pour éviter de les fausser et pour leur permettre de produire tous leurs fruits dans leur application à la comptabilité publique, en offrant aux administrateurs, à tous les degrés de la hiérarchie, la faculté de s'éclairer sur tout ce qui les intéresse, et en assurant le libre jeu de l'Action et du Contrôle.

Comme on le verra, beaucoup de choses ont pu être empruntées à ce qui se fait déjà aujourd'hui dans les Administrations publiques, et c'est là une circonstance très heureuse. En fait, nous ne craignons pas d'affirmer que l'État peut, dès qu'il le voudra, remplacer ses écritures, notoirement mauvaises, par une comptabilité rationnelle et irréprochable, sans que cela occasionne plus de travail ni de dépense, et même avec une économie très sensible. D'autre part, cela n'exigera aucune modification préalable dans l'organisation administrative; les réformes nécessaires par ailleurs dans cette organisation se révèleront ensuite par l'usage même de la comptabilité rationnelle.

Encore une fois, nous croyons avoir indiqué la solution du double problème de rendre la responsabilité ministérielle effective, et de faire l'unification complète de la comptabilité; mais, cela fût-il une illusion de notre part, nous n'en persisterions pas moins à penser que le but que nous nous étions tracé est réalisable et que d'autres, à notre défaut, pourront l'atteindre, pourvu qu'ils résistent au découragement causé dans tant d'esprits par l'insuccès de nombreuses tentatives officielles ou privées, et pourvu qu'ils se rappellent que la comptabilité, étant du domaine mathématique, doit permettre de créer un instrument d'information et de contrôle doué d'une précision rigoureuse.

CONSIDÉRATIONS

SUR L'ÉTAT ACTUEL

DE LA COMPTABILITÉ TANT PUBLIQUE QUE PRIVÉE

DESQUELLES RESSORTIRA LA NÉCESSITÉ D'ADOPTER UNE COMPTABILITÉ RATIONNELLE

Dans une monarchie de droit divin, le pouvoir, qui s'acquiert par hérédité, est absolu : le Roi est au-dessus de toute responsabilité; tout ce qu'il fait, il est censé le faire pour le plus grand bien de son peuple; mais, d'ailleurs, qu'il gère plus ou moins habilement les affaires publiques, que son bon vouloir, même, soit très grand ou soit nul, les sujets n'ont qu'à s'incliner, sous peine de félonie; ils n'ont pas de comptes à demander à leur maître.

Cette résignation est logique au point de vue du principe; au point de vue du fait, elle est forcée, car, à supposer que la critique soit tolérée, elle se trouve, tout au moins, dépourvue de sanction, puisque les administrateurs ne dépendent pas des administrés, de qui ils ne tiennent pas leur puissance.

La monarchie constitutionnelle n'est qu'une forme atténuée de la monarchie absolue; c'est le premier pas que l'on ait fait dans la voie des responsabilités, en inscrivant dans la Constitution la responsabilité ministérielle vis-à-vis du Parlement.

Mais, pendant la durée de la monarchie constitutionnelle, cette responsabilité est demeurée toute platonique, attendu que le Parlement a toujours manqué des moyens d'information nécessaires pour exercer son contrôle, tandis que, de leur côté, les ministres n'étaient pas armés du moyen d'user de leur autorité de manière à sauvegarder leur responsabilité.

D'ailleurs, par cent côtés, la monarchie constitutionnelle se rapproche, en fait de responsabilité, de la monarchie absolue. En fin de compte, c'est toujours le Roi qui est souverain, et, sauf le cas de malversations constatées, ce qui est heureusement très rare avec des serviteurs de ce rang, sa responsabilité souveraine couvre celle des ministres.

Dans une république démocratique, tout change de face : personne n'est plus rien que par le suffrage de tous, exprimé directement ou indirectement; il n'y a plus que des mandataires, et qui dit mandataire dit responsable.

Tout fonctionnaire, de quelque ordre qu'il soit, doit donc compte au pays de la manière dont il exerce la part d'autorité qui lui a été déléguée, et dont il dont il gère la portion de la fortune publique qui lui a été confiée.

Il est impossible de concevoir une république dans laquelle les hommes excerçant le pouvoir ne seraient pas responsables. Cela est tellement incompatible avec cette forme de gouvernement qu'une pareille république ne pourrait pas vivre. Les citoyens ne tarderaient pas à s'irriter de voir qu'ils n'ont fait qu'échanger un maître contre d'autres et que les mêmes abus se perpétuent, car l'absence de contrôle ne pourrait manquer de produire ce résultat.

Il faut remarquer que la déception et le mécontentement seraient d'autant plus grands que l'on saurait ne plus pouvoir chercher le remède dans un changement de la forme du gouvernement, puisque l'on aurait déjà adopté celle qui, de toute évidence, se prête le mieux à l'administration sage et honnête du patrimoine national.

Aussi le gouvernement que nous possédons aujourd'hui doit-il, aussi bien pour respecter son principe que pour assurer sa durée, deux choses d'ailleurs qui se lient nécessairement, s'appuyer sur une responsabilité *effective* de tous les agents du pouvoir, détenteurs et administrateurs de la fortune publique.

Ce que nous rappelons ici, tout le monde l'a déjà compris depuis longtemps, et la presse, organe de l'opinion publique, réclame énergiquement, surtout depuis le moment où la République, en devenant définitive, lui a rendu une plus grande liberté de parole, le moyen pour le pays d'exercer son contrôle et de faire exécuter fidèlement ses volontés raisonnées.

La difficulté n'est que de trouver ce moyen; quant à son utilité, nous le répétons, elle ne fait de doute pour personne, et elle n'existe pas seulement pour les mandants, mais aussi pour les mandataires.

Faute, en effet, d'être mis à même de voir clair dans ses affaires, le public ne peut manquer de formuler souvent des critiques injustes dont les gouvernants ou fonctionnaires ne pourront démontrer le mal fondé que si, de leur côté, ils disposent du moyen d'éclairer les actes de leur gestion. D'autre part, c'est là le guide sûr qui peut seul les diriger dans l'exercice de leur autorité.

Aussi est-il probable, si extraordinaire que cela puisse

paraître, d'après l'expérience du passé, que les hommes chargés du fardeau des affaires publiques seront les premiers, bientôt, à réclamer les moyens de faire la lumière sur leurs actes, reconnaissant que, sans cela, les critiques sans limite qu'ils auraient à subir l'emporteraient de beaucoup sur celles qu'ils pourraient mériter réellement. Dans tous les cas, les représentants du pays doivent exiger, eux, ces moyens de contrôle.

Ils ne sauraient longtemps se soustraire à ce devoir, en présence des graves questions, les unes toutes d'actualité, les autres de date déjà ancienne, qui préoccupent tout particulièrement l'attention du pays et sont chaque jour débattues dans la presse, sans qu'on puisse arriver à une solution raisonnée. Nous citerons, par exemple :

Le Gouvernement de l'Algérie et celui de nos colonies;

La guerre de Tunisie, et toutes celles qui pourront surgir à l'avenir;

La loi sur l'administration de l'armée, restée si longtemps en discussion devant les Chambres et qu'on a votée, de guerre lasse, sans avoir pu concilier la liberté du commandement avec celle d'un contrôle efficace sur l'emploi de nos finances;

L'insuffisance de l'intendance;

La recherche d'un moyen de contrôler *opportunément* l'emploi des crédits budgétaires et auquel puisse se rattacher le mode de votation du budget;

La préférence à accorder à un civil ou à un militaire, pour administrer les ministères de la Guerre et de la Marine;

Le régime d'administration le plus avantageux à adopter pour les chemins de fer rachetés ou construits par l'Etat;

L'insuffisance soupçonnée de la comptabilité publique, et sa complication avérée, aussi bien que son obscurité.

Les discussions de la presse sur ces divers sujets et sur tous ceux qui, de près ou de loin, touchent à l'administration générale du pays montrent, mieux que les meilleurs raisonnements, la nécessité urgente de mettre en lumière l'influence bonne ou mauvaise des actes et des méthodes, pour changer celles ci, s'il y a lieu, et pour juger le mérite des hommes qui les appliquent.

Pour y parvenir, on ne semble compter que sur ces deux moyens : les enquêtes parlementaires et la création d'un contrôle permanent sur lequel on puisse se reposer avec confiance.

Or, les enquêtes parlementaires sont un moyen accidentel, auquel on n'a recours qu'à la dernière extrémité, lorsque les abus sont devenus si graves et si manifestes que l'opinion publique s'est émue et les a signalés. De plus, même si elles sont faites en toute liberté, elles permettent difficilement de relever tous les abus, n'en montrent pas l'enchaînement ni les conséquences économiques, et sont impuissantes, à elles seules, ainsi que l'expérience l'a prouvé, à en prévenir le retour. Aussi en est-on arrivé, après toutes les enquêtes du passé, à la conviction que « plus ça change, plus c'est la même chose. » Ajoutons que le mal s'aggrave encore par les changements fréquents de ministres.

Quant au contrôle permanent, il ne sera pas plus efficace, si on continue à le chercher dans la voie que l'on a suivie jusqu'ici et que l'on paraît vouloir persister à suivre, c'est-à-dire en le basant uniquement sur le mérite et l'indépendance d'hommes que les règlements organiques ne font responsables, comme on le reconnaîtra en allant au fond des choses, que dans les mots.

Veut-on avoir une idée de ce que peut produire le contrôle dans ces conditions, on n'a qu'à examiner les résultats obtenus avec l'Intendance et avec l'Inspection de la Marine, deux contrôles connus depuis longtemps et qui paraissent indépendants. Personne, hélas ! n'ignore aujourd'hui qu'ils sont impuissants, malgré le soin apporté au recrutement de leur personnel et le mérite des hommes, à assurer l'ordre et l'économie dans l'Administration.

Cependant, la création du contrôle institué par la loi sur l'administration de l'armée, et qui rappelle, par plus d'un côté, l'Inspection de la Marine, prouve que dans les sphères officielles on se fait encore des illusions sur l'efficacité de ce genre de contrôle, et l'on oublie que, pour pouvoir éclairer le Ministre, il faudrait, avant tout, que ceux à qui incombe ce soin fussent mis en mesure de voir clair eux-mêmes dans les actes qu'ils sont chargés de contrôler; il faudrait donc faire disparaître la cause qui empêche précisément les contrôles en question de remplir leur but d'une manière sérieuse et efficace.

Pour qu'un contrôle soit sérieux et efficace, il faut :

1° Qu'il résulte tout d'abord, dans l'exécution même du service, de la contradiction des responsabilités mises en cause par les faits ou par les règlements d'administration, qui ne sont d'ailleurs que la règle écrite suivant laquelle les faits doivent s'accomplir;

2° Que chaque personne responsable ait le droit et le devoir, pour couvrir sa responsabilité, de produire par écrit, dans sa sphère d'action, à l'occasion de toute opération et au vu de toute pièce justificative, les observations que le souci de sa responsabilité lui suggère ;

3° Que ces observations, et, si le signataire de la pièce ne s'y rend pas, la réquisition de passer outre (force restant ainsi, jusqu'au règlement du conflit, à celui qui, sous sa responsabilité personnelle, a ordonné la mesure), de même que les décisions hiérarchiques des autorités sous les yeux desquelles doivent passer très promptement les éléments de ce conflit momentané, accompagnent la pièce partout où celle-ci sera produite.

Ce premier contrôle résultant, dans l'action, de l'exercice naturel et légitime des responsabilités, telles qu'elles sont déterminées par les règlements ou, à défaut de règlements, telles qu'elles résultent des faits, suffira presque toujours pour assurer, dans la forme et dans le fond, la régularité des opérations;

4° Que tout contrôle créé en dehors de celui qui précède, et lui prêtant au besoin son appui, mais placé sous l'autorité du commandement pour l'aider dans sa tâche, ne soit point mêlé à l'action, à laquelle, dans le cas contraire, il se substitue peu à peu en la paralysant, à moins qu'il ne soit paralysé par elle, et cela, sans qu'il en résulte une responsabilité saisissable;

5° Que, sans se mêler à l'action et sans la gêner, il la suive cependant d'assez près pour qu'il soit possible, le cas échéant, de remédier promptement au mal;

6° Qu'il ait, pour cela, un objet précis et limité : par exemple, de certifier la réalité, l'exactitude ou la légalité des faits constatés par les écritures, et que les faits critiqués ne puissent être modifiés que par d'autres écritures;

7° Qu'il ne certifie que ce qu'il aura pu contrôler réellement, qu'il ne signe que les pièces des opérations qu'il aura contrôlées, et qu'il prenne sa part de responsabilité dans les actes où il aura engagé sa signature;

8° Que le contrôle indépendant de la Cour des Comptes s'exerce, *sans exception, sur tous les actes de l'Administration*, et sanctionne, *au point de vue de la forme*, tous les contrôles précédents ;

9° Enfin, pour que tout ce qui précède soit efficace, il faut que l'assemblée des représentants du pays, dernier conseil d'administration et contrôle supérieur de la fortune publique, puisse statuer en dernier ressort sur les points litigieux de la forme, et exercer opportunément son contrôle sur le fond, c'est-à-dire puisse juger par les résultats économiques si l'administration est bonne ou mauvaise, et, par là, apprécier promptement le mérite des hommes et des méthodes : ajoutons que l'action des représentants du pays sera complète s'il leur est possible de voir, du même coup, comment chacun, dans sa sphère d'action et dans les limites de sa responsabilité, a contribué à ces résultats.

Les réflexions qui précèdent nous ont paru nécessaires pour rappeler, une fois de plus, la nécessité d'organiser les responsabilités, c'est-à-dire de les rendre effectives en les précisant et en les délimitant, et pour faire ressortir que le moyen reste à trouver, et que l'on a tort de croire qu'on le trouvera dans les errements légués par la Monarchie, où la responsabilité apparente tient presque toujours la place de la responsabilité réelle. Elles étaient nécessaires encore pour préparer les esprits à chercher avec nous la solution dans la voie simple et naturelle où elle se trouve, mais qui est aujourd'hui si osbcure et si encombrée que l'on ne voit pas qu'elle peut et doit conduire à la solution que l'on recherche.

Remarquons que les responsabilités qu'il faut trouver le moyen de saisir, ce sont les responsabilités administratives, car les responsabilités d'un autre ordre se décèlent d'elles-mêmes à l'opinion publique. Ce sont donc les actes de l'administration qu'il faut s'attacher à connaître. On conçoit, en effet, que lorsqu'on pourra voir nettement comment les mandataires administrent la portion de la richesse publique dont ils ont charge, lorsqu'on saura, en même temps, quelles sont les mesures qu'ils auront employées dans ce but, lorsque, de plus, on pourra exercer sur leur gestion un contrôle efficace, c'est-à-dire sérieux et opportun, on aura résolu le problème.

Or, le moyen d'obtenir tous ces résultats, la comptabilité devrait le fournir, car tel est précisément son rôle quand elle est bien comprise.

Si les écritures employées depuis qu'il existe des ministres responsables n'ont pas donné ces résultats tout naturellement, et si elles n'ont pas même permis de deviner qu'elles devaient les donner, c'est que ces écritures, décorées à tort du nom de comptabilité, n'étaient pas conçues d'après les principes de la comptabilité véritable.

Oui, nous le répétons, si l'on n'a pas songé à chercher dans cette voie la solution de l'important problème de rendre réelles les responsabilités, c'est que les écritures léguées par les précédents gouvernements sous le nom de comptabilité publique, loin d'être un moyen de faire régner l'ordre dans l'État, sont au contraire la source même du désordre avéré dont on se plaint, désordre qu'elles servent en même temps à dissimuler sous des formalités compliquées qu'on a pu prendre pour des garanties, mais dont il faudra bien reconnaître la vanité quand on les comparera aux véritables règles de l'ordre réel et permanent.

Rien n'est donc plus urgent que de montrer par où pèche notre comptabilité publique, puisque les illusions que l'on se fait sur ses mérites sont la cause qui empêche les meilleurs esprits de voir où il faut chercher le remède à l'impuissance où l'on se trouve aujourd'hui de rendre les responsabilités effectives.

Nous ne méconnaissons pas la gravité de l'accusation que nous portons contre la comptabilité publique; aussi, ne nous sommes-nous décidé à la publier qu'après avoir longuement cherché le remède et l'avoir trouvé, c'est-à-dire après avoir découvert le caractère, inutilement poursuivi jusqu'ici, de la comptabilité véritable. Remarquons que nous ne parlons pas d'une méthode nouvelle à ajouter aux innombrables méthodes qui existent déjà, mais du caractère inéluctable de la comptabilité rationnelle qui est unique, applicable à toute entreprise, soit publique, soit privée, et qui est susceptible d'être enseignée.

Avant de nous attacher à faire ressortir ce caractère de la comptabilité rationnelle, qu'il nous soit permis d'appuyer nos critiques sur la comptabilité publique de quelques considérations générales.

Les défauts que présente la comptabilité publique s'expliquent, sans se justifier, par ses origines mêmes. Lorsque les impôts, au lieu d'être simplement levés par le Roi, sans aucune obligation d'en rendre compte, durent être votés par une assemblée de représentants du pays, il devint nécessaire de montrer que les sommes puisées dans les caisses du Trésor public ne dépassaient pas les allocations budgétaires. Mais on n'alla pas plus loin, et c'est encore là que nous en sommes aujourd'hui.

Nous ne voulons pas examiner ce que valent les justifications, pourtant si lourdes, fournies à ce point de vue étroit et restreint : il nous serait facile de montrer que l'édifice de notre comptabilité publique ne pèche pas moins par la qualité des matériaux employés à sa construction que par son plan général, mais nous nous attarderions inutilement à ces détails, car ces justifications se redresseront d'elles-mêmes par l'emploi d'une comptabilité rationnelle éclairant et conseillant les administrations publiques.

Nous pouvons donc, pour le but que nous poursuivons en ce moment, et sauf à revenir sur ce point s'il faisait l'objet de contestations, nous borner à faire remarquer qu'aujourd'hui, dans la comptabilité publique, on néglige entièrement de rendre compte, d'une manière utile et sérieuse, de la partie des ressources budgétaires qui, n'étant pas absorbée par les frais d'entretien, vient en s'accumulant former le fonds de la richesse publique, le capital social. Cela est incroyable, et il en est cependant ainsi : l'État ne tient pas compte de sa fortune.

Toutefois, on a cherché à combler cette lacune, mais sans avoir peut-être une idée bien nette du but à atteindre, par la loi du 6 juin 1843, stipulant que les comptes-matières seraient à l'avenir soumis au contrôle de la Cour des Comptes. Les comptes financiers l'étaient déjà, mais au point de vue restreint que nous signalions tout à l'heure.

La loi du 6 juin 1843, d'ailleurs incomplètement et mal exécutée, n'a nullement produit les fruits qu'on en attendait, ainsi que nous allons l'expliquer.

Remarquons d'abord que, au lieu de créer *des comptes-matières*, destinés à former corps, ainsi que cela eût été nécessaire pour constituer une comptabilité, avec les comptes financiers déjà soumis à la Cour des Comptes, on organisa sous le nom de comptabilité-matières, un ensemble d'écritures qui, nous le verrons tout à l'heure, n'avaient et n'ont encore aucun des caractères de la comptabilité.

Pour donner une idée de ces écritures, nous prendrons

comme exemple la comptabilité-matières du département de la marine qui nous paraît la plus complète et qui, d'ailleurs, a été plus ou moins imitée par les autres départements ministériels, aussi bien dans sa forme primitive que dans ses transformations successives.

La comptabilité-matières, organisée en 1847, par application de la loi précitée de 1843, et mise en pratique en 1850, a été, à l'origine, établie en quantités seulement (c'est-à-dire sans évaluation en argent) et divisée en comptabilité des matières en approvisionnement dans les magasins, et comptabilité dite administrative se subdivisant elle-même en plusieurs comptabilités distinctes tirant leur nom des différents états du matériel : en service, en cours de transformation, etc. La comptabilité des mouvements a seule été soumise à la Cour des Comptes, tandis que la comptabilité dite administrative, qui embrasse cependant la partie de la fortune publique la plus importante et la plus utile à connaître et à contrôler, a été soustraite à son contrôle.

C'est là un fait d'une gravité capitale qui ne peut s'expliquer que de deux manières :

Ou, comme la tâche était déjà très lourde, dans les conditions prescrites par l'instruction, pour la seule branche des mouvements des matières en magasin, on a jugé impraticable de l'étendre à la comptabilité dite administrative, ou bien on a fait une équivoque, volontaire ou non, portant sur la nature des responsabilités auxquelles donnent lieu les actes de l'administration.

Il y a, en réalité, deux responsabilités distinctes :

La première concerne la forme dans laquelle les actes ont été accomplis, c'est-à-dire la question de savoir si les règlements d'allocation, de consommation ou d'entretien (ou les prescriptions qui en tiennent lieu) ont été respectés, ou non. Celle-là, la Cour des comptes devrait évidemment en connaître en dernier ressort, puisque son rôle est précisément d'exercer ce genre de contrôle sur tous les actes administratifs, sans exception.

Quant à la seconde, qui se rapporte aux résultats économiques de la gestion, c'est-à-dire à la façon plus ou moins habile dont on a opéré dans la limite des règlements, et aussi à la qualité de ces règlements eux-mêmes, celle-là est bien du ressort de l'Administration et ne peut être appréciée que par elle, sous le contrôle du pouvoir législatif, à la condition toutefois, ce qui n'est pas le cas aujourd'hui, que ces résultats soient présentés sous une forme convenable et assez tôt pour rendre le contrôle possible.

Nous ferons remarquer que l'adoption d'une comptabilité véritable fera tout naturellement disparaître, sans augmenter les charges, mais, au contraire, en les diminuant de beaucoup, l'état de choses contre lequel nous nous élevons, et qui, s'il devait persister, rendrait illusoires, comme aujourd'hui, tous les contrôles que l'on tenterait d'établir, l'Administration restant, en définitive, seule juge de ses actes, tant au point de vue de la forme qu'au point de vue du fond, et paralysant ainsi complètement le contrôle à l'égard de la partie véritablement intéressante de la fortune publique.

Revenons à la comptabilité des mouvements de matières en approvisionnement dans les magasins. A l'origine, elle était établie en quantités seulement, ainsi que nous l'avons dit, et le compte en était rendu en quantités par unités collectives, c'est-à-dire par agglomération d'objets qui, bien que rangés sous la même unité, étaient d'espèce et de valeur très différentes. Il est clair que, sous cette forme, elle ne permettait pas de constituer des comptes susceptibles d'entrer dans une comptabilité véritable ; aussi ne se composait-elle que de tableaux statistiques des mouvements.

Lorsque, en 1854, après avoir reconnu les vices de cette manière de faire (voir le Rapport du 22 septembre 1854 précédant l'Instruction du 1er octobre de la même année), on fut conduit à évaluer en argent les opérations présentées jusque-là en quantités seulement, on n'envisagea ce nouvel élément qu'au même point de vue sous lequel on avait envisagé les quantités, et non comme le moyen de ramener les différentes espèces d'unités à une commune mesure, dans le but de faire jouer les comptes matières avec les comptes financiers, et de constituer ainsi une véritable comptabilité avec le capital pour objectif, comme cela était possible dès ce moment.

Pour le dire en passant, rien ne saurait montrer avec plus d'évidence que l'on ne se doutait même pas de la condition *sine qua non* à laquelle des écritures doivent satisfaire pour mériter le nom de comptabilité.

Il en est résulté que la comptabilité-matières, sous ses différents noms, a continué à se composer uniquement de tableaux statistiques et non de véritables comptes, et que l'évaluation, loin d'être un allègement, est devenue, quoi qu'on en ait dit, une nouvelle charge qui a retardé l'application de l'Instruction de 1854 jusqu'en 1859, époque à laquelle on lui a fait subir des modifications qui, sans en changer la forme générale ni l'esprit, ont amoindri les garanties qu'elle offrait.

Il est vrai d'ajouter qu'en introduisant la valeur, on s'était proposé d'établir des corrélations entre les comptes financiers et la comptabilité des mouvements de matières, en ce qui concerne les achats inscrits dans cette dernière comptabilité aux prix officiels, ainsi qu'entre les différentes branches de la comptabilité-matières. Mais, ces corrélations n'apparaissant qu'au moment de la reddition des comptes, c'est-à-dire longtemps après l'accomplissement des faits, et reposant sur des éléments qui, en raison de leur forme et des conditions où ils sont produits, ne peuvent être vérifiés que par ceux qui les ont établis, elles doivent être tenues pour suspectes.

Dans une comptabilité véritable, où les opérations se lieront nécessairement entre elles, la corrélation sera constante et se fera d'elle-même à chaque opération, aussi bien si l'on prend charge au prix de livraison, ce qui serait préférable, mais qui est impraticable avec la forme des écritures actuelles, que si l'on continue à se servir des prix officiels.

Depuis 1859, la comptabilité-matières a subi plusieurs modifications de détail qui n'en ont pas changé l'économie générale. Enfin, une Commission mixte [1] a étudié, pendant

[1] Voici la composition de cette Commission :
Président : M. le Ministre de la Marine. — Vice-Présidents : MM. Duclerc, vice-président du Sénat. — Bethmont, vice-président de la Chambre des Députés. — Membres : MM. Béraldi, sénateur. — Brun, id. — Vice-amiral Jaurès, id. — Contre-amiral Monjaret de Kerjégu, id. — Comte de la Monneraye, id. — Général Pélissier, id. — Vautier, id. — Allègre, député. — Farcy, id. — Laisant, id. — Lamy, id. — Lavielle, id. — Perrin, id. — Ratier, id. — Vice-amiral Touchard, id. — Baron Decazes, id. — Vice-amiral Jauréguiberry, président du Conseil des Travaux de la Marine. — Contre-amiral Krantz, chef du Cabinet du Ministre de la Marine. — Le Trésor de la Roque, conseiller d'État. — Bouchard, conseiller-maître à la Cour des Comptes. — Contre-amiral baron Duperré, membre du Conseil d'Amirauté. — Gervaize, inspecteur général du Génie maritime. — Contre-amiral de Fauque de Jonquières. — Le Gros, inspecteur général des Ponts et Chaussées. — O. Virgile, général de brigade de l'Artillerie de la Marine. — Lancelin, commissaire général de la Marine. — Gougeard, capitaine de vaisseau. — Le Prédour, inspecteur des Services administratifs de la Marine. — Girette, administrateur des Messageries maritimes. — Leroux, chef du Bureau de la Comptabilité des matières au Ministère de la

plusieurs années, les réformes à y apporter, notamment dans le but de rechercher si la comptabilité privée, basée sur la méthode dite « en partie double », était susceptible d'être appliquée à nos arsenaux maritimes. Le rapport qui rend compte des travaux de cette Commission n'a pas été publié, ou n'est pas parvenu à notre connaissance, mais ces mêmes travaux ont été suivis du Décret du 15 octobre 1879, qui prescrit à l'Administration centrale du Ministère de la marine de centraliser dorénavant suivant la méthode en partie double les tableaux statistiques dont nous avons parlé précédemment, à propos de la comptabilité des matières.

Nous ne craignons pas de prédire que cette manière toute nouvelle d'appliquer la méthode en partie double causera, si ce n'est déjà fait, une déception de plus, puisque, même en l'appliquant à décrire les opérations au fur et à mesure qu'elles se produisent, cette méthode se montre déjà insuffisante, dans les affaires privées, où elle est en usage, à donner une situation exempte d'erreurs ou de confusions, ainsi que nous l'expliquerons plus loin.

D'après ce qui vient d'être exposé, on peut voir que les écritures actuelles de la comptabilité publique sont loin de présenter les caractères d'une véritable comptabilité.

En effet, elles ne prennent pas le capital pour objectif et ne s'occupent pas de former les comptes qui devraient le représenter. On conçoit donc, d'après cela, qu'elles sont impuissantes à donner la situation générale, même par ministère, ce qui rend illusoires les vérifications partielles, celles-ci n'étant pas solidarisées dans un ensemble se con-

Marine. — Dislère, sous-ingénieur de 1re classe de la Marine. — A. Guilbault, inspecteur à la Société nouvelle des forges et chantiers de la Méditerranée. — Vice-amiral comte de Gueydon.

trôlant automatiquement. Enfin, elles ne dégagent pas les résultats économiques de la gestion, et, par suite, ne permettent pas de voir si la gestion a été bonne ou mauvaise.

A ces griefs portant sur le fond même des écritures de la comptabilité publique, il faut ajouter ceux qui touchent au défaut d'opportunité résultant de ce que la production et la vérification des soi-disant comptes ne se font actuellement que plusieurs années après l'accomplissement des faits.

Une dernière remarque montrera, à elle seule, mieux que tout le reste, que les écritures de la comptabilité publique actuelle n'ont de la comptabilité que le nom. Si elles constituaient une comptabilité même imparfaite, et telle, par exemple, que la comptabilité privée, on pourrait former périodiquement les balances des comptes et publier en temps opportun, comme cela se fait pour la Banque de France, par exemple, les résultats des affaires sous une forme facile à saisir par le public qui, dans une République démocratique, a le droit de connaître ses affaires et auquel on devrait même, pour lui donner toute confiance, fournir les moyens de vérifier les résultats de la gestion.

Au lieu de cela, tout ce que l'on peut faire aujourd'hui, en raison de la forme sous laquelle les documents sont produits et du retard apporté à leur présentation et à leur vérification, c'est de publier, plusieurs années après que les faits se sont accomplis, un assemblage à peu près inintelligible de renseignements qui forment un gros volume pour chaque ministère, mais n'établissent aucun rapport entre la dépense réelle et le service rendu. Ce fait connu de tout le monde est la démonstration la plus frappante que l'État n'a pas de comptabilité.

Après ce qui précède, on est obligé de conclure que les

écritures actuelles n'éclairent ni bien, ni opportunément.

Or, s'il est reconnu dangereux dans les affaires privées de ne point avoir de comptabilité ou seulement d'en avoir une imparfaite, encore bien qu'on en connaisse du moins les points faibles, et que, averti par la situation du capital, on puisse suppléer à l'insuffisance de cette comptabilité par un contrôle personnel ou par de nouvelles investigations au sujet des points douteux, il est évidemment plus dangereux encore de n'avoir pas de comptabilité dans les affaires publiques, où le budget supporte tout sans donner d'avertissements, et de se contenter, pour en tenir lieu, d'écritures dans lesquelles les comptes relatifs à la réalisation du budget sont si tardivement rendus qu'il serait impossible de remédier au mal, et tiennent tant de place qu'ils empêchent de voir que les résultats économiques de la gestion sont entièrement négligés.

Et si les inconvénients sont déjà très graves lorsque l'État n'a à rendre compte que de l'emploi des crédits budgétaires, combien ne le deviennent-ils pas davantage quand il se charge d'entreprises telles par exemple que la construction et l'exploitation de chemins de fer, et que, comme il l'a fait immédiatement pour le réseau racheté par lui, il substitue le système d'écritures auquel il est habitué aux écritures à l'aide desquelles l'industrie privée s'éclairait.

En somme, le contrôle sérieux et indépendant de la Cour des Comptes s'exerce uniquement sur la forme suivant laquelle les ressources sont mises à la disposition de l'administration pour l'entretien de la fortune publique, tandis que cette fortune elle-même est soustraite à son contrôle, et abandonnée, pour le fond et la forme, au contrôle de corps qui n'ont pas une véritable indépendance, attendu qu'ils dépendent du Ministre. En d'autres termes, on ne contrôle sérieusement par le moyen de la Cour des Comptes que les déplacements des fonds du budget et non pas leur emploi judicieux.

On soupçonne, d'ailleurs, depuis longtemps qu'il y a quelque chose à faire pour améliorer notre comptabilité publique, et de nombreuses tentatives ont été faites dans ce but; mais, faute de les avoir fait précéder de la recherche du caractère que les écritures doivent revêtir pour mériter le nom de comptabilité, toutes ces tentatives sont restées infructueuses.

Si ce résultat négatif est très fâcheux, on ne saurait, du moins, en être surpris, lorsqu'on remarque que ce caractère est tout aussi ignoré dans la branche de la comptabilité qui concerne les affaires privées. On en trouve la preuve dans l'impossibilité où l'on a été jusqu'ici de donner une définition sérieuse de la comptabilité, et dans la multiplicité des traités, méthodes et règlements privés, qui ne s'accordent pas entre eux, bien qu'ils appliquent tous la méthode en partie double, ce qui prouve que le caractère constitutif de la comptabilité ne se trouve pas dans les principes de cette méthode.

La corporation des comptables du commerce et de l'industrie, frappée des inconvénients tous les jours plus graves de cette diversité d'application, s'est réunie, en 1879, en Commission d'étude, et plus tard en Congrès, dans le but de rechercher l'unification de la comptabilité. Elle avait donc pressenti la possibilité d'arriver à ce résultat si désirable; mais, hélas! nous voyons par le compte rendu des deux Congrès qu'elle a tenus [1], et dont la presse s'est occupée, que ses membres durent se séparer sans avoir atteint leur

[1] Voir la « *Revue de la Comptabilité* », 1881-82. Bureaux, rue Barbette, 7, à Paris.

but, pour s'être attardés à discuter les mérites respectifs de la partie simple et de la partie double, sans avoir pu dégager les lois d'un ordre général qui, ainsi que nous le démontrerons tout à l'heure, s'imposent toutes les fois qu'il s'agit d'éclairer sûrement les affaires et de fixer les responsabilités, et qui conduisent donc tout naturellement à l'unification de la comptabilité.

Pourquoi ces lois n'ont pu être dégagées, nous n'avons pas à le rechercher longuement ; nous ne pouvons cependant nous défendre de remarquer que dans ces Congrès, qui se proposaient comme but la recherche de l'unification, et qui, dès lors, auraient dû évidemment se préoccuper de tous les cas auxquels la solution devait convenir, on a entièrement laïssé de côté la comptabilité publique, qui pourtant aurait dû, sans contredit, former une branche de la comptabilité unifiée,. sous peine que l'unification ne fut qu'un vain mot.

Cette exclusion de la comptabilité publique, qui a certainement tenu à la composition du Congrès, formé uniquement de comptables de l'industrie privée nullement familiarisés avec les écritures des administrations publiques, a été une chose fort regrettable, car, si mauvaise que soit la comptabilité publique, elle pouvait fournir, à certains égards, aux membres du Congrès, des éléments précieux d'information, comme on pourra le voir lorsque, en exposant les principes de la comptabilité rationnelle, nous aurons occasion de les comparer à ce qui se fait aujourd'hui.

En résumé, il ressort de tout ce qui précède que les écritures composant ce qu'on appelle la comptabilité publique ne peuvent à aucun degré être regardées comme constituant une comptabilité — ce que l'on verra plus clairement dès que nous aurons pu dégager le caractère que les écritures doivent présenter pour mériter le nom de comptabilité — et que, de son côté, la comptabilité privée, étant dominée par le besoin de se rendre compte de ce que devient son capital engagé dans les affaires, se propose bien le but principal à atteindre, mais n'y parvient pas, parce qu'elle est imparfaite dans ses procédés, incorrecte dans ses résultats, et impuissante à faire l'attribution des responsabilités.

Dans ces conditions, le problème de la création d'une comptabilité rationnelle restait tout entier à résoudre, et nous avons dû nous efforcer d'en dégager les principes en ayant recours uniquement à l'analyse des faits dont la comptabilité doit connaître.

C'est le résultat de cette étude, faite sans aucun parti pris et en dehors de tout système particulier, que nous allons consigner dans les pages suivantes.

Exposé de la comptabilité rationnelle ou véritable.

Aucune entreprise publique ou privée ne peut fonctionner, ni même se concevoir, sans la réunion, préalablement à toute affaire, de moyens d'action contribuant à former le personnel, le numéraire, les immeubles, le mobilier, l'outillage, les marchandises, les objets en cours de transformation, les créances, les dettes, etc., etc., moyens d'action propres à réaliser le but qu'on se propose, et mis, avant tout mouvement, à la disposition des personnes chargées d'administrer les affaires. Parmi ces moyens d'action, les uns constituent des ressources (actif), les autres, au contraire, constituent des charges (passif). Mais *tous*, il est important de le remarquer, *possèdent une individualité simple ou complexe, bien déterminée, sous laquelle ils agissent.*

Cette individualité, il est essentiel de le comprendre, ne pourrait pas à elle seule, et sans l'adjonction d'une valeur en argent ramenant tous les moyens d'action à une commune mesure, servir à éclairer utilement les affaires; on n'arriverait alors, en effet, qu'à un chaos dans lequel il serait impossible de se reconnaître. Il faut donc, de toute nécessité, sans altérer l'individualité de chacun des moyens d'action, la compléter par une valeur qui, en même temps qu'elle a ce résultat de les ramener tous à une commune mesure, servira à prévenir les erreurs lorsqu'on mettra les moyens d'action en mouvement, ou, tout au moins, à permettre de relever sûrement les erreurs que l'on n'aurait pas pu éviter dans l'enregistrement des opérations.

La valeur complétant l'individualité des moyens d'action servira encore, ainsi que nous aurons occasion de le montrer quand nous en serons arrivé là, à dégager les résultats économiques des actes des administrateurs.

Ceci posé, il y a à considérer :

1° Que toutes les opérations administratives, comme toutes les transactions commerciales, en un mot *toutes les affaires publiques ou privées* que la comptabilité est appelée à enregistrer, *ne sont que la mise en mouvement de ces moyens d'action.*

2° Que *cette mise en mouvement ne s'effectue qu'en vertu de pièces justificatives.*

Remarque : l'existence de la pièce justificative est évidente dans les affaires publiques. Dans les affaires privées, où elle est quelquefois moins visible, un examen superficiel des choses pourrait faire croire qu'elle n'existe pas au même titre, mais ce serait une erreur. Ainsi, supposons, par exemple, qu'il s'agisse de la livraison de moyens d'action « marchandises » : la facture remise au client, la lettre d'avis, ou toute autre pièce *consacrant la mutation de propriété* constitue la pièce justificative à laquelle nous faisons allusion, et la copie en est conservée sur un livre élémentaire tenu sous un nom quelconque. Nous reviendrons d'ailleurs sur ce sujet quand il sera question de l'usage que l'on fera de la pièce, si on la conserve, ou de son inscription si l'on s'en est dessaisi ; pour le moment, il suffit de retenir qu'à chaque mise en mouvement de moyens d'action correspond toujours une pièce justificative.

3° Que la pièce justificative *est,* si l'on va au fond des choses, *l'ordre écrit donné par les agents de l'Admnistration,* chacun dans sa sphère d'autorité et sous sa responsabilité personnelle, *d'opérer l'entrée ou la sortie* (nécessairement sous leur individualité, inséparable, pendant la mise en mouvement, de la valeur afférente) *de moyens d'action à la charge d'un détenteur,* soit qu'il s'agisse d'échanger les moyens d'action que l'on fait mouvoir contre d'autres de valeur égale ou différente, qui les remplacent, soit qu'il s'agisse de les consommer, *ce que, d'ailleurs, l'ordre indique toujours.*

Remarque : c'est là un point très important à retenir, notamment en ce qui concerne la responsabilité, parce qu'il montre qu'en comptabilité, rien ne se fait sans un ordre écrit, et, par conséquent, de nature à être rapporté à l'appui du compte que les détenteurs, simples dépositaires de moyens d'action, doivent rendre de leurs actes. Nous tirerons plus loin de ce fait les conséquences qu'il comporte.

4° Que *les résultats économiques* de la gestion, auxquels concourent seuls les moyens d'action qui ont agi, cela va sans dire, *sont exactement connus,* lors de chaque mouvement, *par la différence de valeur entre les moyens d'action disparus et ceux qui les remplacent.*

Remarque : il sessort de là qu'à chaque opération, *la valeur mise en mouvement est égale,* dans son ensemble (moyens d'action et résultats économiques) *à la valeur qui la remplace.*

C'est là le fait inéluctable que la comptabilité doit traduire sous peine de ne pas être. Cependant, les écritures de la comptabilité publique ne le traduisent point, non plus que les écritures de la comptabilité privée dite en partie simple. Quant à la méthode dite en partie double, son principe fondamental, d'après lequel « tout débit doit être balancé par un crédit », ne pouvait pas avoir d'autre objet ; mais l'expérience oblige à reconnaître que ce principe, tel qu'il est interprété, n'atteint pas non plus le but.

En effet, il est avéré (voir tous les traités de comptabilité et les comptes-rendus des deux Congrès des comptables) que, telle qu'elle est appliquée, la méthode en partie double est impuissante à elle seule à donner la situation réelle, si bien que l'usage constant passé à l'état de doctrine est de déterminer la situation au moyen de l'inventaire, de sorte que l'on est obligé d'attendre la fin de la période de gestion pour être fixé. Cette impuissance ne peut tenir qu'à ce que la méthode en partie double laisse s'établir une confusion, comme nous l'expliquerons plus loin, entre la valeur des moyens d'action qui sont représentables en nature à toute réquisition, et la valeur des résultats économiques pour lesquels il n'en est évidemment pas de même.

C'est à l'abri de l'obscurité résultant de cette confusion que des erreurs involontaires et des malversations peuvent se dissimuler jusqu'à ce qu'une circonstance fortuite les fasse découvrir, et non seulement elle permet des malversations, mais elle peut avoir pour conséquence de produire des illusions plus funestes encore, puisque le capital d'une entreprise (ce qui revient à dire, comme on le verra tout à l'heure, la somme algébrique de ses moyens d'action à un moment précis) peut ainsi disparaître complètement, du jour au lendemain, sans qu'on en ait été averti par les écritures. Nous n'en citerons qu'un exemple : celui de l'une des compagnies de chemin de fer rachetées par l'État. Son capital originaire, dont les modifications successives avaient cependant, sans aucun doute, été constatées d'après les règles ordinaires de la méthode en partie double, et de plus affirmées, contrôlées et arrêtées *ne varietur* par des inventaires établis à la fin de chaque période de gestion, a disparu complètement, au jour de la remise à l'État, bien que cela n'ait pas été la conséquence d'une réduction soit du nombre, soit du prix des moyens d'action, qui étaient la seule chose qui pût être cédée.

Nous avons choisi ce fait comme exemple, parmi tant d'autres également devenus publics, parce qu'il montre la limite extrême des illusions auxquelles peut conduire la méthode dite en partie double, inexpliquée et mal entendue; mais il se reproduit tous les jours, quoique à un degré moindre, dans beaucoup d'entreprises privées, et les faillites honnêtes n'ont souvent point d'autre cause.

Devant de pareilles surprises, on s'explique facilement que le système de comptabilité qui les rend possibles ne jouisse dans l'opinion publique que d'une considération médiocre, et que les comptables du Commerce et de l'Industrie aient cru utile de se réunir en Congrès pour chercher un remède à cet état de choses. Et si l'on remarque que la comptabilité employée dans les affaires privées, celle dont il s'agit ici, est encore moins loin du but que la Comptabilité publique, l'urgence d'arriver à une comptabilité rationnelle devient évidente.

5° Qu'enfin, ce qu'on nomme en Comptabilité *le capital d'une entreprise est la valeur nette de l'ensemble de ses moyens d'action, envisagés avant tout mouvement,* et abstraction faite d'une partie des conditions qui forment leur individualité, pour ne considérer que leur valeur; en d'autres termes, le capital est la masse des ressources (actif) diminuée de la masse des charges (passif), après que les unes et les autres ont été ramenées à une commune mesure. En un mot, c'est la quotité en argent des *ressources épargnées.*

Mais si, par une fiction, il est possible, à ce moment d'inertie, et alors seulement qu'il s'agit de fixer l'actif net, de ne considérer dans les moyens d'action que leur valeur, il ne saurait en être de même dans la réalité, au cours des affaires, pendant la période qui sépare deux inventaires consécutifs, alors que les moyens d'action sont considérés sous leur individualité tout entière, puisque c'est ainsi, par exemple, que l'inventaire les détermine, que les dépositaires en prennent charge, que les pièces justificatives (ordres de mise en mouvement, avons-nous dit) les font entrer et sortir, et qu'enfin les dépositaires auront à représenter ceux de ces moyens d'action qui n'auront pas disparu.

Pour se faire une idée correcte et exacte du capital, il faut donc le concevoir comme étant le second membre d'une équation et donnant la somme effectuée en argent d'un polynome algébrique qui forme le premier membre, lequel se compose d'un nombre quelconque de termes, les uns positifs (ressources), les autres négatifs (charges), représentant les moyens d'action sous leur forme réelle et avec l'individualité qui leur est propre.

Ainsi, supposons, par exemple, que les ressources soient représentées par R et les charges par Ch et que ces signes soient suivis d'un numéro marquant l'individualité particulière de chaque moyen d'action. Si alors nous indiquons que la masse des charges est à retrancher des ressources — parce qu'il est impossible, en effet, de concevoir qu'une entreprise ait pu, avant de commencer les affaires, contracter des charges (dettes) n'ayant pas pour objet la formation et la réunion des ressources nécessaires à son existence, — le capital se trouvera déterminé par l'équation algébrique suivante :

MASSE DES RESSOURCES	MASSE DES CHARGES	DIFFÉRENCE
(rassemblées avant toute affaire et reconnues sous la forme réelle et tangible de moyens d'action représentables en nature), ou	(rassemblées et reconnues dans les mêmes conditions que les ressources), ou	de l'actif au passif, ou
ACTIF.	PASSIF.	ACTIF NET dénommé à ce moment
$R^1 + R^2 + R^3$, etc.	$- (Ch^1 + Ch^2 + Ch^3$, etc.$) =$	CAPITAL.

Et si nous faisons disparaître la parenthèse pour que chaque charge se présente bien avec le signe qui lui convient aux yeux de celui auquel on la confie et entre les mains de qui elle s'éteindra, l'équation précédente devient :

$$R^1 + R^2 + R^3, \text{ etc.}, - Ch^1 - Ch^2 - Ch^3, \text{ etc.} = \text{CAPITAL.}$$

On voit par là que le capital n'est bien réellement, comme nous l'avions avancé, que la somme algébrique des moyens d'action, tant positifs que négatifs, c'est-à-dire la différence entre la somme des premiers et la somme des seconds.

Cette équation va nous permettre d'indiquer de manière à ce que tout le monde le comprenne comment on arrivera à la solution des deux problèmes importants que nous

nous sommes posés, et qui se lient si intimement entre eux que la solution de l'un entraîne celle de l'autre, et cela avec des écritures beaucoup moins lourdes que celles dont on se sert aujourd'hui, dans les administrations de l'État pour n'aboutir qu'à un chaos, dans les administrations privées pour n'obtenir que des situations tardives et incertaines. Ces deux problèmes consistent : l'un à réaliser l'unification absolue de la comptabilité, l'autre à rendre effective la responsabilité administrative des ministres et de leurs agents, comme aussi des agents des administrations privées. La solution commune de ces deux problèmes, en donnant le moyen de connaître chaque jour comment les affaires, tant publiques que privées, sont conduites aux différents étages de la hiérarchie auxquels s'attache une responsabilité, ramènera la confiance sur la bonne gestion de ces affaires.

Attachons-nous donc à tirer de cette équation les enseignements qu'elle comporte.

Constatons tout d'abord que des écritures ne méritent le nom de comptabilité que si elles sont ainsi basées sur l'équation du capital, en d'autres termes si elles permettent de déterminer l'actif net en le faisant dépendre de comptes qui, quels qu'ils soient et quelque nom qu'on leur donne, représentent toujours les moyens d'action, au commencement de chaque période de gestion, c'est-à-dire, soit au début de l'entreprise, soit lorsqu'après avoir clos les opérations d'une période par un inventaire pour en séparer les résultats de ceux de la période suivante, on commence cette nouvelle période.

D'ailleurs, une comptabilité, pour être bonne, ne devra pas seulement permettre de déterminer l'actif net au point de départ, il faudra encore qu'elle puisse faire connaître rigoureusement ce que cet actif net deviendra par la suite. Mais s'il est vrai que cette seconde condition à remplir doit être prise en considération quand il s'agit de juger du mérite d'une comptabilité, la première, à elle seule, est un critérium pour décider si des écritures données peuvent, ou non, être regardées comme constituant une comptabilité. *Il n'y a pas,* en effet, *de comptabilité, si l'on n'a pas au début l'équation de l'actif net avec les comptes qui le représentent.*

Notre étude n'eût-elle produit d'autre résultat que de fournir ce critérium, nous ne la regarderions pas comme inutile, car cela doit mettre fin aux discussions soulevées par les différentes méthodes dites en partie simple, en partie double, du journal grand-livre, etc., etc., ainsi que par les écritures des administrations de l'État, et hâter la réforme de ces méthodes en donnant aux recherches une base sûre qui manquait totalement jusqu'ici, et dont l'absence est cause que les Congrès des comptables ont dû suspendre leurs travaux avant d'être arrivés à une conclusion.

Mais avant de déterminer, parmi les écritures de toutes sortes usitées jusqu'à ce jour, celles qui, d'après ce critérium, peuvent conserver le nom de comptabilité, bien qu'elles ne remplissent pas ou qu'elles remplissent mal la seconde condition, et celles auxquelles ce titre doit être, *a priori,* absolument refusé, entendons-nous bien d'abord sur ce que c'est que le capital.

On sait que la notion précise du capital est l'une des parties les plus épineuses de l'économie politique : elle ne paraît pas avoir été moins épineuse, jusqu'ici, en comptabilité.

Rappelons, en effet, sans avoir d'ailleurs la prétention de les énoncer toutes, les principales significations du capital relevées d'après les traités de comptabilité, les dictionnaires de la langue et l'usage.

1° Somme d'argent produisant des intérêts ;

2° Apport en argent fait par une ou plusieurs personnes pour les besoins d'une industrie ou d'un commerce;

3° Compte de capital, compte qui représente les fonds composant le capital;

4° Enfin, somme d'argent déterminée à l'origine d'une entreprise et que l'on considère comme devant rester fixe.

Ce point de vue, qui est celui le plus souvent adopté dans la pratique, s'explique d'abord par ceci que, dans les affaires privées, on espère faire des bénéfices, auquel cas ceux-ci sont appelés à être distribués ou mis en réserve, et qu'au surplus, s'il arrivait que l'exercice se soldât en perte, l'inconvénient qu'il y aurait, eu égard au crédit de l'entreprise, à le montrer trop clairement, et la difficulté de combler le déficit par un nouvel appel de fonds, peuvent être palliés, grâce à la forme que donne au bilan la comptabilité en partie double.

On s'explique d'autant mieux cette conception du capital comme une somme fixe, avec la comptabilité en usage aujourd'hui, que celle-ci ne suivant pas au jour le jour la situation de l'actif net ne donne pas l'occasion de le voir varier constamment. On ne peut le connaître, bien ou mal, qu'à la fin de la période de gestion, et comme c'est précisément le moment où les bénéfices, s'il y en a, doivent être mis à part, ce qui ramène le capital à sa valeur première, il n'est pas étonnant que l'on voie ce dernier avec un caractère de fixité.

Ces citations suffiront, pensons-nous, pour faire comprendre pourquoi l'on n'a pas vu que le capital d'une entreprise n'est, en réalité, que la valeur nette des moyens d'action, à l'état de repos et au moment où ils sont confiés aux personnes qui vont aussitôt les mettre en mouvement, sous leurs formes réelles avec leur individualité tout entière.

On peut tenir pour certain que la manière dont on conçoit le capital dans les affaires privées n'a pas peu contribué à empêcher les administrations de l'État de l'accepter comme objectif de la comptabilité publique, et à empêcher aussi dans les affaires privées que l'on s'entendît sur ce qu'il fallait faire pour avoir la comptabilité irréprochable. D'ailleurs, la manière défectueuse dont les écritures de la comptabilité privée rendent compte des variations de l'actif net sous l'influence des affaires, n'était pas de nature à faire adopter par l'État des écritures du même genre dont les essais d'application ont échoué, comme nous l'avons déjà dit.

Mais lorsqu'il sera bien entendu qu'il ne s'agit que d'établir dans de bonnes conditions les comptes qui permettront de connaître constamment l'actif net, pour arriver à une comptabilité dont on ne s'imagine pas aujourd'hui la perfection, cela devra rencontrer moins de résistance dans les administrations de l'État que partout ailleurs, parce qu'elles n'ont aucun motif de ne pas établir et faire connaître leur situation avec sincérité.

Examinons donc à l'aide du critérium indiqué ci-dessus les différentes écritures aujourd'hui en usage. Nous voyons immédiatement qu'il y a lieu d'écarter *a priori* les écritures de toutes les administrations de l'État, puisque pas une ne se propose de faire connaître l'actif net. Second service rendu par l'étude générale de la comptabilité que de montrer cela aussi clairement.

Nous n'avons donc plus en face de nous que la comptabilité des affaires privées, c'est-à-dire des écritures désignées sous les noms de partie simple et de partie double, les autres genres d'écritures étant toujours une combinaison de ces deux méthodes connues généralement.

Mais la méthode dite en partie simple peut, à son tour, être écartée après un examen sommaire, car si elle fait connaître l'actif net par un inventaire avant de commencer les affaires, elle ne le fait pas dépendre des comptes qui ont pour but de montrer, bien ou mal, ce qu'il devient. Les écritures de la partie simple ne sont donc que de simples notes prises par un commerçant pour connaître ce qu'il doit et ce qu'il lui est dû, mais sans qu'il lui soit possible d'en contrôler l'exactitude.

Dès lors, nous n'avons plus à examiner que les écritures établies d'après la méthode dite en partie double. Ainsi se trouve justifiée l'opinion des personnes qui défendent cette méthode comme la seule pouvant mériter le nom de comptabilité. Mais, de l'aveu de tous, elle ne satisfait pas à la seconde condition que nous avons indiquée : suivre sûrement la situation de l'actif net, de telle sorte que la comptabilité soit l'instrument irréprochable qui fasse connaître le résultat certain des affaires et, par là, donne la mesure du mérite des personnes à qui on en confie la gestion.

Nous pouvons, néanmoins, du moment qu'elle forme l'actif net au début, et qu'elle se propose d'en suivre la situation, la mettre en parallèle avec la comptabilité rationnelle et cette comparaison nous permettra précisément de montrer en quoi cette dernière en diffère.

Nous nous efforcerons de faire cette démonstration de manière qu'elle soit parfaitement claire, non seulement pour des comptables, mais aussi pour les administrateurs de l'État qui ne sont pas habitués à une véritable comptabilité, et enfin pour le public dont les intérêts sont en cause.

Dans toute comptabilité en partie double, l'actif net est représenté, d'une part, par le numéraire (sous le nom de caisse), les marchandises, le mobilier, l'outillage, les immeubles (s'il y en a), les effets à recevoir, les comptes des divers débiteurs; voilà, en gros, les ressources; et, d'autre part, les diverses créances (charges que l'entreprise a consenties pour se procurer des ressources), par les mandats, les effets à payer : voilà, *grosso modo*, les charges. Le tout représente les moyens d'action, mais groupés par espèces.

Sans nous arrêter à rechercher si ces divisions sont bien choisies et si elles sont suffisantes, ce qui ressortira suffisamment de ce qui va suivre, mettons les différents comptes qui embrassent ces ressources et ces charges en équation avec l'actif net ou capital. Nous n'avons pas besoin d'indiquer tous ces comptes, puisqu'il ne s'agit ici que d'une démonstration, et nous en prendrons seulement quelques-uns à titre d'exemple. Si nous les représentons par des initiales en désignant par C la caisse, par M les marchandises, par MO le mobilier, par D les débiteurs et par Cr les créanciers, en ajoutant un numéro aux notations D et Cr pour distinguer chacun des comptes personnels de débiteurs et de créanciers, nous arrivons à la formule suivante :

RESSOURCES. CHARGES.

$$C + M + MO + D^1 + D^2 + D^3 - Cr^1 - Cr^2 - Cr^3 = \text{Actif net,}$$

ou CAPITAL (1re *hypothèse*).

Dans les entreprises où les comptes des débiteurs et des créanciers sont trop nombreux pour qu'on puisse en établir périodiquement la balance en même temps que celle des autres comptes dits généraux, on remplace dans l'équation les comptes particuliers de chacune de ces deux classes par un seul compte collectif; alors les comptes remplacés cessent de figurer sur le Grand-Livre, à côté des comptes dits généraux, et sont tenus sur des livres compris dans la série des livres auxiliaires.

Dans ce cas, la formule ci-dessous se trouve modifiée comme suit :

$$C + M + MO + D - Cr = \text{Actif net,}$$
ou CAPITAL (2e *hypothèse*).

Pour permettre la comparaison, mettons en regard l'équation de la comptabilité rationnelle donnée plus haut, en y remplaçant toutefois les signes

$$R^1, R^2, R^3, \text{etc.}, Ch^1, Ch^2, Ch^3, \text{etc.}$$

qui n'indiquaient aucune classification des ressources ni des charges, mais seulement leur individualité, par les signes C, M, MO, D et Cr correspondant aux espèces de moyens d'actions que nous avons prises comme exemples dans la comptabilité en partie double (première hypothèse), et distinguons alors chaque moyen d'action par un numéro d'ordre ou de série dans chaque division des ressources et des charges.

L'équation de la comptabilité rationnelle sera donc :

$$C^1 + C^2 + C^3 + C^4, \text{etc.} + M^1 + M^2 + M^3 + M^4, \text{etc.} + MO^1 + MO^2 + MO^3 + MO^4, \text{etc.} + D^1 + D^2 + D^3 + D^4, \text{etc.} - Cr^1 - Cr^2 - Cr^3 - Cr^4, \text{etc.}, = \text{Actif net, ou CAPITAL.}$$

Cette formule indique plusieurs comptes de numéraire : C^1, C^2, C^3, etc., parce que nous avons supposé le cas d'une entreprise qui, comme la Banque de France, par exemple, aurait besoin de suivre séparément la situation de chaque espèce de numéraire : billets, or, argent, billon, et même de distinguer dans chacune de ces classes entre les billets ou les pièces de différentes valeurs, et qui établirait ses pièces justificatives en conséquence. Le compte du numéraire est, en effet, divisible comme tous les autres comptes ; mais d'ailleurs il est clair que dans les entreprises où l'on n'aura pas besoin de faire cette distinction, on se contentera d'un simple compte Caisse.

La formule ci-dessus indique les comptes que les détenteurs des moyens d'action doivent tenir, de toute nécessité, pour que l'on arrive à former sûrement l'actif net, et pour qu'eux-mêmes puissent, comme leur qualité de dépositaires leur en impose l'obligation, représenter cet actif en nature à toute réquisition. Nous démontrerons tout à l'heure que ces comptes sont indispensables au point de vue de la responsabilité de ces agents, et aussi pour l'enregistrement fidèle des ordres de mise en mouvement.

Si, dans cette dernière équation, on veut obtenir l'actif net plus simplement, par espèce de moyens d'action, par exemple, il suffira de grouper les moyens d'action en réunissant en un seul tous les termes qui composent chaque classe. Il est bien entendu que cette totalisation ne pourra se faire qu'en argent, puisque c'est la seule mesure qui soit commune à tous les moyens d'action.

A ce degré de condensation, l'équation devient semblable à celle de la comptabilité en partie double (deuxième hypothèse).

$$C + M + MO + D - Cr = \text{Actif net.}$$

Si, enfin, on pousse la condensation à sa dernière limite pour avoir la masse des ressources et la masse des charges et retrancher la seconde de la première, autrement dit, pour avoir l'actif et en retrancher le passif, d'où ressort directement l'actif net, on se trouve avoir les éléments d'un compte général qui n'existe pas aujourd'hui parce que sa place est indûment occupée, comme nous le montrerons tout à l'heure, par d'autres comptes qui ne présentent point les moyens d'action de la même manière, leur conception étant toute différente.

Or, comme nous allons le voir, la comptabilité rationnelle emploiera trois genres de comptes. Deux d'entre eux seulement, il est vrai, les comptes simples et le compte général, sont indispensables et sont commandés par la force des choses, et, en même temps, ceux-là seulement ne sauraient avoir rien d'arbitraire, les comptes simples étant déterminés tout naturellement par l'individualité des moyens d'action, et le compte général, de son côté, n'étant autre chose que la somme des comptes simples. Mais les comptes du deuxième ordre, les comptes collectifs, s'ils n'ont rien d'indispensable pour la comptabilité elle-même, sont utiles cependant pour résumer les comptes simples suivant un groupement qui sera déterminé à volonté, d'après les besoins de chaque entreprise, et pour présenter ainsi la situation aux personnes placées aux divers étages de la hiérarchie, avec la quantité de détails qui peut être nécessaire en raison de leurs attributions et de la nature de leur responsabilité : ce qui se fait aujourd'hui, d'ailleurs, mais sans que l'attention se soit portée sur ce fait.

Rapprochons dans un même tableau les deux équations de la méthode en partie double, première et deuxième hypothèse, et l'équation de la comptabilité rationnelle, afin de pouvoir les comparer d'une manière plus saisissante.

MÉTHODE EN PARTIE DOUBLE

Comptes en argent tenus à l'aide d'un seul grand livre sous l'œil de la Direction suprême de l'entreprise, par un comptable unique, appelé aussi teneur de livres, au moyen des articles d'un journal, qu'il a formés par le dépouillement des livres élémentaires communiqués par les détenteurs des valeurs de moyens d'actions. Ces détenteurs, outre le livre élémentaire, sont pourvus de livres auxiliaires destinés à recevoir les renseignements intéressant la situation particulière de chaque moyen d'action.

1re HYPOTHÈSE.

COMPTES dits généraux. — COMPTES PARTICULIERS des créanciers et des débiteurs de l'entreprise.

$$\underbrace{\overbrace{C + M + MO}^{\text{Comptes dits généraux}} + \overbrace{D^1 + D^2 + D^3 + D^4 \ldots - Cr^1 - Cr^2 - Cr^3}^{\text{Comptes particuliers}}}_{\text{Ressources, ou Débit. \quad Charges, ou Crédit.}} = \text{Capital ou Actif net.}$$

2e HYPOTHÈSE.

COMPTES généraux. — COMPTES dits collectifs.

$$\underbrace{\overbrace{C + M + MO}^{\text{Comptes généraux}} + \overbrace{D - Cr}^{\text{Comptes dits collectifs}}}_{\text{Ressources. \quad Charges.}} = \text{Capital ou Actif net.}$$

COMPTABILITÉ RATIONNELLE OU VÉRITABLE

COMPTES DE MOYENS D'ACTION

COMPTES SIMPLES, tenus par les détenteurs (comptables d'origine) pourvus d'un journal et d'un grand-livre.

$$C^1 + C^2 + C^3 + M^1 + M^2 + M^3 + MO^1 + MO^2 + MO^3 + D^1 + D^2 + D^3 - Cr^1 - Cr^2 - Cr^3$$

COMPTES COLLECTIFS, tenus par un comptable centralisateur placé sous l'œil de la Direction dont relèvent les comptables d'origine. — Les comptables centralisateurs des directions peuvent relever, à leur tour, d'un comptable établi à une direction de chef-lieu administratif.

$$\underbrace{C + M + MO + D}_{\text{Ressources, Actif ou Débit.}} - \underbrace{Cr}_{\text{Charges, Passif ou Crédit}}$$

COMPTE GÉNÉRAL tenu par un comptable placé sous l'œil de la Direction suprême.

Ressources, Actif ou Débit. — Charges, Passif ou Crédit = Capital ou Actif net.

Ces équations ainsi rapprochées l'une de l'autre, il devient facile de les comparer et d'en saisir les différences; il en sera surtout ainsi quand nous aurons achevé de nous expliquer à l'égard de la comptabilité rationnelle, et c'est ce que nous allons faire. On comprendra alors pourquoi la méthode en partie double ne parvient pas à suivre sûrement la situation de l'actif net, et l'on verra, en outre, comment elle laisse dans une obscurité regrettable certaines charges de l'entreprise jusqu'au moment même de l'extinction de ces charges.

Les explications qu'il nous reste à donner sur la comptabilité rationnelle seront bien simples; car elles ne sont que le développement naturel des principes que nous avons déjà indiqués. On pourra donc nous suivre sans peine, à une condition, toutefois, c'est qu'on se débarrassera l'esprit de tout ce qui est enseigné dans la méthode en partie double, et que l'on voudra bien se placer simplement en face des faits que la comptabilité doit traduire. Nous savons personnellement, en effet, que des idées préconçues peuvent masquer la solution; nous l'avons éprouvé lorsque nous nous sommes attaché à rechercher la cause de l'insuccès de la tentative faite pour appliquer les écritures dites en partie double à la comptabilité des arsenaux de la marine, à la suite de la réunion de la commission mixte dont nous avons parlé plus haut.

En présence de cet échec, d'autant plus surprenant à première vue, que le genre d'écritures en partie double que l'on cherchait à appliquer réprésentent ce que l'on connaît encore à présent de plus parfait dans ce système, nous nous étions, comme nous venons de le dire, imposé la tâche de remonter au principe des choses, c'est-à-dire d'envisager les faits dans l'ordre naturel où ils se présentent. Mais, malgré notre résolution d'étudier la question sans aucun parti pris, nous avons été souvent gêné, par ce que nous avions appris, et ce n'est qu'à la longue que nous sommes parvenu à voir la vérité.

Que le lecteur veuille donc bien, pour ce qui va suivre, laisser de côté toute idée préconçue empruntée à la méthode en partie double; ce sera le meilleur moyen d'arriver promptement à voir par où elle pèche.

Du reste, nous occupant plus spécialement des affaires publiques, notre tâche sera plus facile, en ce sens que nous n'aurons pas à combattre les préjugés résultant de la pratique de la partie double, attendu que les administrations de l'État ne suivent pas cette méthode, sinon dans les parties regardant les finances, où l'on équilibre les allocations budgétaires par les paiements effectués par le Trésor; encore n'est-ce point là appliquer réellement la partie double, puisque ce n'est pas l'utiliser dans le but de former l'actif net.

D'un autre côté, les écritures usitées dans les administrations de l'État fournissent des enseignements précieux à l'égard des comptes simples, car des comptes de ce genre y sont tenus précisément pour les moyens d'action « choses », c'est-à-dire pour ceux dont la situation n'est pas suivie par la comptabilité en partie double, laquelle n'ouvre de comptes simples qu'aux moyens d'actions « personnes » qui, par contre, sont entièrement négligés aujourd'hui dans les écritures publiques.

Enfin, la règle déjà suivie dans les administrations de l'État, d'adresser au Ministre, par la voie hiérarchique, les pièces justificatives des opérations de comptabilité, est tellement dans la logique des faits qu'elle sera également la règle de la comptabilité rationnelle.

En somme, on voit que s'il est vrai que la comptabilité publique actuelle doit disparaître en tant qu'édifice, parce qu'elle ne remplit même pas la condition primordiale et essentielle qui imprime aux écritures le caractère de comptabilité, on trouve au moins dans les matériaux retirés de sa démolition de quoi édifier complètement la comptabilité rationnelle, à la condition, toutefois, d'employer autrement ceux qu'on utilisera.

Sans un plus long préambule, arrivons aux explications que nous avons à donner.

Il nous reste à montrer comment la comptabilité rationnelle rendra compte exactement de la prospérité de l'entreprise, et donnera par là le moyen de mesurer la capacité administrative des personnes auxquelles on en confie la gestion.

Ces deux résultats, dont le second ne peut être obtenu que comme conséquence du premier, sont évidemment le double but que toute comptabilité doit se proposer : aussi, la comptabilité en partie double les avait-elle également en vue, mais comme elle est impuissante, ainsi que nous l'avons vu, à fournir une situation exacte de la prospérité de l'entreprise, elle ne permet pas de juger sûrement de la capacité des administrateurs. Or, c'est seulement lorsqu'on en aura le moyen, grâce à une comptabilité irréprochable, que l'on pourra allier la liberté de l'action avec les nécessités du contrôle et de la direction, desideratum hautement désirable qui doit assurer à la fois, dans les administrations, les avantages de l'ordre et ceux de la liberté, c'est-à-dire les avantages résultant de l'initiative individuelle s'exerçant aux différents étages de la responsabilité, sous un contôle immédiat, intéressé à lui faire produire tous ses fruits.

Il est clair que la prospérité d'une entreprise se mesure à l'importance de son capital, c'est-à-dire de ses ressources épargnées; par conséquent, ce à quoi la comptabilité doit s'attacher, en définitive, c'est à suivre les augmentations et les diminutions de l'actif net, qui prend le nom de capital au début de chaque période de gestion, et aussi à la fin où, avec sa nouvelle valeur, il devient le point de départ d'un nouvel exercice. C'est évidemment, en effet, la différence de valeur du capital à ces deux moments qui indique l'importance des résultats économiques obtenus pendant le laps de temps que l'on considère, et permet, par suite, d'apprécier le mérite des administrateurs à qui sont dus ces résultats.

La formule de la comptabilité rationnelle montre de la façon la plus claire que l'actif net est le solde, avant toute affaire, du compte général des moyens d'action de l'entreprise, comprenant toutes les ressources et toutes les charges. C'est donc dans ce compte, encore à créer, qu'il faudra suivre les augmentations et les diminutions qui se produiront au cours des affaires, et qui feront varier le solde (capital) qu'il présentait au début. Du moment, en effet, où l'on ouvrira, avant de commencer les affaires, un compte embrassant la valeur de toutes les ressources et de toutes les charges d'une entreprise, sans avoir égard ni à leur individualité, ni à leur espèce, lesquelles devront d'ailleurs être l'objet d'autres comptes se reliant à celui-là d'une manière très intime, on comprend aisément que ce compte général pourra recevoir pendant le cours des affaires, quelle que soit cette entreprise, l'enregistrement en valeur de toutes les opérations qui feront varier ces ressources et ces charges primitives, et que le solde de ce même compte donnera constamment le chiffre de la prospérité de l'entreprise.

La formule nous montre que le compte général des moyens d'action n'existe pas seul, en effet, et qu'il condense, en les contrôlant, les opérations déjà décrites entièrement et déjà condensées dans une certaine mesure par les deux ordres de comptes inférieurs : comptes simples et comptes collectifs, qui ont fonctionné préalablement. La formule montre encore que ces deux ordres de comptes inférieurs contiennent tous les éléments de l'actif et du passif, mais ne permettent pas d'en dégager l'actif net, rôle qui est réservé au compte général placé sous l'œil de la direction suprême, et qui présente seul tous ces éléments réunis, puisqu'aux étages inférieurs ces éléments sont disséminés entre un certain nombre de personnes ayant des responsabilités d'un autre ordre.

Cela répond précisément à la nature des responsabilités diverses qu'il s'agit d'éclairer ; on verra tout à l'heure que chacun aura ainsi le moyen de contrôler l'exécution des mesures qu'il a ordonnées dans la sphère de ses attributions et d'en connaître les résultats.

L'actif net déterminé au début est mis à part sous le nom de capital, pour servir à contrôler les opérations qui s'accomplissent pendant la période séparant deux inventaires consécutifs, et le compte général des moyens d'action reste avec l'actif et le passif, c'est-à-dire avec les moyens d'action positifs, en débit, et avec les moyens d'action négatifs, en crédit ; en d'autres termes, il présente d'un côté les entrées, et, de l'autre, les sorties des moyens d'action. Il est alors en état de recevoir, par les procédés qui seront indiqués plus loin, l'enregistrement de toutes les pièces justificatives élémentaires (ordres de mise en mouvement) qui, pendant la durée des affaires, provoqueront de nouvelles entrées et de nouvelles sorties, depuis la pièce qui suit l'enregistrement de l'inventaire par lequel s'ouvre la période d'activité des moyens d'action, jusqu'à celle qui précède immédiatement l'inventaire par lequel elle se ferme, et qui sert à ouvrir la période suivante, comme nous l'avons dit.

Ces *pièces justificatives* étant établies conformément au principe n° 4 (comme elles le sont d'ailleurs déjà aujourd'hui), c'est à-dire *contenant l'énonciation des moyens d'action mis en mouvement, et de ceux qui les remplacent, avec indication de leurs valeurs respectives,* et aussi des classes de ressources ou de charges auxquelles ils appartiennent, toutes les opérations — condensées comme nous l'indiquerons plus loin, pour les faire arriver, de la main du détenteur des moyens d'action, sous l'œil de la direction suprême, en suivant l'échelle des responsabilités imposées par l'organisation administrative de chaque entreprise, — donneront donc lieu, dans le compte général des moyens d'action, d'une part, à des entrées, et, d'autre part, à des sorties, dont les valeurs, si elles ne sont pas égales, seront équilibrées par le montant du résultat économique, montant qui sera mis à part dans des comptes en argent se condensant, de leur côté, en un compte général, afin que l'on puisse apprécier les résultats économiques dans leur ensemble, à la fin de la période de gestion.

On peut déjà comprendre, d'après cela, que chacun aura le moyen de contrôler les mesures qu'il aura ordonnées, et cela deviendra tout à fait sensible, en ce qui concerne les responsabilités subordonnées à la responsabilité suprême, quand nous aurons pu nous expliquer au sujet des deux autres ordres de comptes de moyens d'action qui complètent l'organisme à l'aide duquel sera obtenu le chiffre de la prospérité de l'entreprise.

Mais il est certain, dès à présent, que la direction supérieure de l'entreprise aura constamment sous les yeux trois comptes généraux : Capital, Moyens d'action, Résultats économiques, qui lui donneront constamment, pendant la période de gestion, l'équation :

Capital = Moyens d'action ± Résultats économiques.

A l'aide de ces trois comptes généraux, dont le premier, en restant immobile, contrôlera la marche des deux autres de la manière que nous montrerons en nous expliquant sur les comptes simples, la direction supérieure pourra donc connaître tous les jours la situation et contrôler les résultats économiques des opérations qu'elle aura ordonnées ; elle pourra même modifier les mesures qu'elle avait cru devoir prendre si elle reconnaît, à l'inspection du résultat économique, qu'elles ne sont pas de nature à assurer la meilleure gestion des ressources confiées à sa haute responsabilité, disons le mot, à sa capacité administrative. Mettre en lumière cette capacité en faisant connaître le résultat économique des mesures prises par l'administrateur, n'est-ce pas, en effet, le but final de la Comptabilité, but qu'elle seule peut atteindre, remarquons-le, parce que des mesures d'administration ne peuvent pas se juger isolément et en elles-mêmes, mais seulement par les conséquences économiques qu'elles produisent.

Nous croyons que si l'on n'a pas assigné ce but à la Comptabilité aussi nettement que nous le faisons, cela tient uniquement aux imperfections qu'elle présentait, et qui ne permettaient pas d'espérer connaître avec exactitude les actes des administrateurs, avec leurs résultats économiques qui sont la mesure même de la capacité de ceux-ci. Pour que cette ambition devînt possible, il fallait tout d'abord pouvoir compter sur une comptabilité ne laissant place ni aux erreurs ni aux malversations que permet encore à présent l'emploi de la Méthode dite « en partie double », en un mot, il fallait pouvoir compter sur une comptabilité irréprochable.

Du reste, nous pourrions, à la rigueur, nous dispenser d'insister sur ce point de vue; en effet, soit que l'on se préoccupe surtout de connaître la capacité administrative de celui qui à la haute direction d'une entreprise, en lui donnant le moyen de juger du mérite de ceux qui collaborent à son œuvre à des étages inférieurs, soit que l'on ait simplement en vue de se rendre compte de l'état de prospérité de cette entreprise, en déterminant, au besoin, comment chacun, dans sa sphère d'action, a contribué à cette prospérité, dans les deux cas, le moyen d'y parvenir est le même, et consiste à connaître, par une comptabilité irréprochable, tous les actes administratifs accomplis et les résultats qu'ils ont produits.

Néanmoins, nous avons cru devoir indiquer cet objectif que nous pensons être le vrai, dans l'espérance qu'en éclairant la question d'un jour nouveau, nous ferons comprendre la nécessité de rendre la Comptabilité parfaite dans toutes les branches de l'activité administrative, qu'il s'agisse des affaires de l'État, des communes, ou des entreprises privées, et d'en finir avec les défectuosités dont les tentatives continuelles d'amélioration sont une reconnaissance non équivoque.

A l'appui de notre opinion que le but final de la Comptabilité est de faire connaître la capacité administrative de la personne à qui est confiée la haute direction de l'entreprise, nous présenterons les remarques suivantes qui montrent que le compte des résultats économiques n'est affecté que par les mesures émanant de sa direction :

1° L'inventaire n'est pas, à proprement parler, un acte de la direction suprême ; c'est simplement la réunion des déclarations qui lui sont faites pour qu'elle puisse connaître l'importance des ressources et des charges que l'enprise possède avant de commencer les affaires, d'où elle tire le chiffre des ressources épargnées; aussi, cet inventaire n'influe-t-il point sur les résultats économiques; au moment où il vient d'être dressé, la situation est représentée par une équation n'ayant que deux termes : Capital = Moyens d'action.

2° On peut supposer le cas où des erreurs se seraient glissées dans les déclarations fournies par les détenteurs, si bien contrôlées qu'on les imagine, et qui ont servi à établir l'inventaire, erreurs qui, comme nous le montrerons, seront facilement redressées avec la Comptabilité rationnelle. Ces erreurs qui, pour le dire en passant, seront seulement possibles pendant la première période de gestion, et non dans les suivantes, ce qui n'est pas le cas aujourd'hui, n'agiront pas sur les résultats économiques, parce que, pour les redresser, on aura à augmenter d'une même somme, ou à diminuer d'une même somme, à la fois le compte du capital et celui des moyens d'action. Donc, ici encore, on voit que les résultats économiques, mesure de la capacité administrative, ne varieront point, parce qu'il ne s'agira pas d'un acte ordonné par la direction supérieure.

3° Si les ressources épargnées, telles qu'elles ont été reconnues à l'origine et qu'elles ont été confiées à la capacité de celui qui a la haute direction de l'entreprise, se trouvent augmentées sans que ce soit la conséquence de sa direction, et, par exemple, par une allocation budgétaire s'il s'agit d'une administration de l'État, ou par de nouveaux apports s'il s'agit d'une entreprise privée, cela n'affectera encore, dans l'équation, que les termes Capital et Moyens d'action, sans agir sur les Résultats économiques.

4° Des actes de l'Aministration consistant dans un simple déplacement des ressources, autorisés, bien entendu, par le chef suprême, directement ou indirectement, comme par exemple l'acte de faire passer en service des moyens d'action qui normalement devraient être en magasin, si, d'ailleurs, ces actes n'entraînent pas un changement dans la valeur des moyens d'action, ne feront pas non plus varier le compte des résultats économiques, attendu que le mouvement se passera tout entier dans le compte des moyens d'action.

Il en sera autrement quand il s'agira de savoir ensuite si l'entretien et la conservation des ressources ainsi déplacées coûtent plus que précédemment : à ce moment, le compte des résultats économiques se trouvera modifié et indiquera si l'on a eu tort ou raison de déplacer lesdites ressources.

5° Enfin, dernière remarque bien significative, lorsque les besoins de l'entreprise rendent nécessaire l'adjonction de nouvelles ressources à celles du début, l'acquisition de ces ressources (moyens d'action positifs) entraîne à sa suite la création d'une charge (moyen d'action négatif) dont la valeur est égale. De même, s'il s'agit d'éteindre des charges en y employant les ressources de l'entreprise, et cela quelle que soit l'origine de ces dernières, les ressources et les charges se balanceront.

Ces deux sortes d'opérations n'ont donc aucune influence sur les résultats économiques, et même, remarquons-le incidemment, elles se passent tout entières dans le compte des moyens d'action, sans influer sur le capital, ce qui est le cas aussi pour le § 4 ci-dessus. D'où il faut conclure que c'est la consommation et l'échange des moyens d'action, donnant des différences de valeur, qu'il faut principalement s'attacher à connaître.

Toutes ces observations nous paraissent tendre à prouver que c'est bien la capacité administrative qu'il s'agit de mettre en lumière.

La comptabilité rationnelle devra donc non seulement rendre compte exactement de toutes les opérations, afin de donner constamment la situation de l'entreprise et d'engager la responsabilité matérielle des détenteurs, mais encore elle devra mettre en lumière les résultats économiques produits par ces opérations, et permettre ainsi d'apprécier la capacité administrative de ceux qui, aux différents étages de la hiérarchie, ont ordonné les mesures dont ces résultats sont la conséquence. Ce but multiple sera atteint par la comptabilité rationnelle avec une précision mathématique.

Il ne nous reste plus maintenant qu'à nous occuper des deux ordres de comptes qui fonctionnent avant le compte général, mais que nous avons été forcé de laisser momentanément de côté, parce qu'ils ne permettent pas de dégager le capital et qu'ils ne nous auraient donc pas fourni l'occasion de nous expliquer entièrement sur le rôle de celui-ci et sur le but final à atteindre par une comptabilité rationnelle.

Ces deux ordres de comptes placés aux étages inférieurs de l'organisation administrative servent à éclairer, de la même manière que le compte général le fait pour la responsabilité suprême, d'autres natures de responsabilités : l'un (comptes collectifs), en enregistrant les ordres de mise en mouvement par divisions, classes ou espèces de moyens d'action, l'autre (comptes simples), en les enregistrant avec tous leurs détails, c'est-à-dire en suivant le compte particulier de chaque moyen d'action.

Les explications que nous avons à donner sur les comptes collectifs devraient logiquement suivre celles que nous avons données sur le compte général, mais nous aurons plus de facilité pour faire comprendre leur rôle et leur fonctionnement quand nous nous serons expliqué à l'égard des comptes simples, et que nous aurons pu, par quelques exemples, faire comprendre comment, même aujourd'hui, se détermine l'individualité des moyens d'action, et aussi comment ils se groupent et se classent tout naturellement dans chaque entreprise suivant ses besoins.

D'ailleurs, les comptes collectifs ne sont pas d'une nécessité absolue; ils ne seraient pas nécessaires si les détenteurs de moyens d'action relevaient directement de la direction supérieure, comme c'est le cas pour beaucoup d'entreprises privées, et si celle-ci se contentait d'être renseignée en bloc sur les mouvements des ressources et des charges, sans distinction d'espèces, classes ou divisions. Elle serait, en effet, sûrement éclairée, dans ce cas, par les bordereaux journaliers des pièces justificatives reçus directement des détenteurs, et sur lesquels les pièces relevées une à une pour leurs totaux seulement seraient résumées sans avoir égard à aucune division, de manière à permettre de tenir le compte général des moyens d'action et celui des résultats économiques.

Nous nous occuperons donc d'abord des comptes simples, mais si nous ne pouvons pas, dès à présent, parler en détail des comptes collectifs, nous pouvons du moins faire remarquer qu'à tel étage où ils auront à porter la lumière sur les actes des responsabilités inférieures, que ce soit aux chefs-lieux administratifs, c'est-à-dire aux directions relativement élevées que l'on aura jugé nécessaire d'établir pour centraliser les opérations effectuées en un même lieu, ou que ce soit aux directions subalternes dépendant d'un de ces chefs-lieux et ayant autorité immédiate sur les détenteurs, la centralisation pourra bien différer d'une entreprise à une autre, suivant que l'organisation administrative sera elle-même différente, mais elle s'effectuera toujours à l'aide de comptes collectifs d'une forme identique, c'est-à-dire tenus en valeurs seulement, ouverts pour y enregistrer les mouvements des moyens d'action, groupés comme les besoins l'exigeront, et comme l'indiquent d'ailleurs les pièces justificatives élémentaires, qu'il faut seulement pour cela lire comme des ordres de mise en mouvement.

Cette observation faite, nous passons à l'exposé de l'ordre des comptes simples, qui est la base de tout le système, puisque, nous le répétons, les deux autres ordres n'en sont que la condensation à différents degrés.

L'importance des comptes simples apparaît clairement si l'on se rappelle :

1° Que, comme nous l'avons avancé précédemment bien des fois, et comme nous le montrerons d'ailleurs par des exemples quand il s'agira de mettre en mouvement les comptes de moyens d'action, toutes les opérations administratives, comme toutes les transactions commerciales, en un mot, toutes les affaires publiques ou privées que la comptabilité a pour mission d'enregistrer, ne sont que l'entrée ou la sortie, sous leur forme individuelle, des moyens d'action de l'entreprise. (Principe n° 1.)

2° Que ces entrées et ces sorties sont toujours ordonnées par écrit par les agents de l'Administration, chacun dans sa sphère d'action et sous sa responsabilité personnelle. (Principe n° 3.)

3° Qu'enfin, les résultats économiques de la gestion, auxquels concourent seuls, évidemment, les moyens d'action qui ont agi, sont exactement indiqués, lors de chaque mouvement, par la différence de valeur entre les moyens d'action disparus et ceux qui les remplacent. (Principe n° 4.)

Les comptes simples ont donc pour objet, premièrement d'assurer, en la précisant et en la délimitant, la responsabilité des détenteurs, responsabilité qui, n'étant pas niable, est nécessairement admise en principe, aussi bien dans les affaires publiques que dans les affaires privées, mais qui, faute d'être exactement précisée, est insuffisamment assurée avec les écritures dont on dispose aujourd'hui.

La responsabilité des détenteurs porte uniquement sur l'exactitude matérielle de la situation des moyens d'action dont ils sont constitués les dépositaires, c'est-à-dire qu'elle porte exclusivement sur la conformité des écritures avec les ordres de mise en mouvement, d'une part, et, d'autre part, avec les existants réels que ces écritures accusent.

C'est là la seule responsabilité qu'ils assument en tant que dépositaires. Quant à savoir si les entrées et les sorties ont été ordonnées avec raison et si elles sont régulières, c'est une question distincte entraînant une responsabilité d'un autre ordre qui, en général, reviendra à d'autres personnes placées plus haut dans la hiérarchie d'après les fonctions qu'elles remplissent, et que désignent toujours les règlements.

Il est donc nécessaire de rendre la distinction possible entre ces deux genres de responsabilité, et les comptes simples tenus par les détenteurs, ou pour eux, sont, avec l'aide des pièces justificatives, le moyen d'y parvenir. En disant « ou pour eux », nous prévoyons le cas où l'organisation administrative de certaines entreprises ne permettrait pas aux détenteurs de tenir eux-mêmes les comptes simples des moyens d'action dont il s'agit ici; c'est ce qui a lieu dans les grands magasins de nouveautés et dans toutes les entreprises semblables dont la règle est de vendre à prix fixe, très rapidement, à une clientèle nombreuse. Dans ce cas, la nécessité s'impose de faire établir, par les dépositaires mêmes, les ordres de sortie, et les comptes simples peuvent alors être tenus, pour eux, par d'autres personnes, sans que la responsabilité de ces détenteurs, sur laquelle repose la sécurité de l'entreprise, et qui sert de point de départ aux responsabilités d'un autre ordre, ait à en souffrir.

Ces ordres de sortie (bulletins des vendeurs) sont généralement de simples notes au crayon, mais qui suffisent néanmoins pour faire connaître l'opération et indiquer celui qui l'a faite.

Nous avons dû parler de ce point pour que l'on comprenne bien que la comptabilité, lorsqu'elle sera devenue rationnelle, répondra aux besoins de toute entreprise, quelle que soit son organisation administrative, mais nous ajouterons, d'ailleurs, que ce cas n'est pas celui des Administrations de l'État, où les dépositaires de la richesse publique auront toujours le temps et les moyens de tenir eux-mêmes les comptes simples des moyens d'action puisqu'ils peuvent bien tenir aujourd'hui pour le même objet, en vue de renseigner l'Administration supérieure lorsqu'elle le demande, les écritures aussi compliquées que peu efficaces que ces comptes simples remplaceront.

La responsabilité toute matérielle des dépositaires, sur

laquelle s'appuient cependant toutes les responsabilités d'un autre ordre, jusques et y compris celle du directeur suprême qui ne porte, elle, que sur sa capacité administrative, et est donc toute morale pourvu qu'il ait rempli par ailleurs les obligations inhérentes à son autorité, obligations dont la comptabilité rationnelle lui facilitera du reste l'accomplissement en même temps qu'elle montrera sans hésitation ni erreur possible s'il les a remplies, cette responsabilité, disons-nous, oblige les dépositaires, dans leur intérêt aussi bien que dans celui de l'entreprise elle-même, à enregistrer fidèlement les ordres de mise en mouvement des moyens d'action (pièces justificatives élémentaires), auxquels ils satisferont pendant le cours des affaires.

Mais ils ont, avant d'en arriver là, à remplir une première obligation, celle d'enregistrer les déclarations qu'ils ont faites pour constater l'existence des moyens d'action constituant la partie des ressources et des charges qu'ils ont, chacun, entre les mains avant de commencer les affaires. Ces déclarations, faites par écrit et totalisées en argent, sont le moyen pratique de former l'inventaire général, et de l'enregistrer convenablement à la charge de ceux qui le détiennent par parties. Elles ont pour objet, ne l'oublions pas, de concourir, chacune pour sa part, à la formation du compte général des moyens d'action donnant à la direction suprême le moyen de fixer le chiffre des ressources épargnées, c'est-à-dire du capital, qui, une fois arrêté et mis à part, fixe, au point de départ, la masse des ressources et celle des charges du compte général des moyens d'action, et, par conséquent, lie ensemble par la valeur tous les moyens d'action qui ont contribué à former ce capital, et cela d'une manière tellement solide qu'aucun d'eux ne pourra désormais faire le moindre mouvement sans que la direction supérieure s'en trouve informée.

Chaque dépositaire devra donc copier sa déclaration sur un journal (le livre élémentaire actuel, où on la copie déjà en indiquant que c'est l'inventaire qui fournit ces moyens d'action), puis ouvrir sur un grand-livre un compte particulier à chacun des moyens d'action que comprend cette déclaration (ce qui ne se fait aujourd'hui qu'incomplètement ou mal, à l'aide des livres dits auxiliaires).

Dès l'ouverture de ces comptes, il y portera en entrée les moyens d'action positifs (ressources) et en sortie les négatifs (charges), en rappelant, bien entendu, que ces mouvements ont pour origine l'inventaire. Ainsi se trouveront préparés les livres destinés à recevoir l'enregistrement des ordres qui viendront mettre en mouvement ces moyens d'action, soit pour les consommer, soit pour les échanger contre d'autres moyens d'action, lesquels amèneront naturellement, dans ce dernier cas, l'ouverture de nouveaux comptes du même ordre qui viendront prendre place dans la classe dont ils dépendent, parmi ceux déjà existants.

Telle est la cause originelle de la nécessité des comptes simples.

La possession des deux livres ci-dessus, conséquence incontestable de la responsabilité matérielle des détenteurs, transforme ces agents en véritables comptables d'origine, ou, plus exactement, leur restitue cette qualité.

Nous avons déjà indiqué précédemment, mais d'une manière sommaire, que les comptes simples existent déjà, partie dans les écritures des administrations de l'État, et partie dans les écritures dites en partie double employées pour les affaires privées. Nous nous proposons de revenir sur ce qui concerne ces comptes quand il s'agira d'établir que les obligations de la comptabilité rationnelle ne seront pas plus lourdes que celles qu'on supporte aujourd'hui. Nous ne doutons pas, pour notre part, que, tout compte fait, elles ne soient au contraire plus légères de beaucoup. Mais nous voulons d'abord expliquer comment on réalisera tout naturellement, à l'aide de la comptabilité rationnelle ayant pour base ces comptes simples, l'unification absolue de la comptabilité que l'on n'avait pas craint de déclarer publiquement être un problème chimérique.

On comprendra facilement que la comptabilité rationnelle permet cette unification, ou, pour mieux dire, la commande, si l'on se rappelle que la comptabilité ne consiste qu'à suivre la situation des moyens d'action, et que, sur les trois ordres de comptes nécessaires pour cela, il en est deux, nous l'avons vu, qui n'ont à être tenus qu'en argent, ce qui rend indifférente la diversité des moyens d'action d'une entreprise à une autre; enfin, si l'on remarque à propos du troisième ordre de comptes, les comptes simples, que les moyens d'action dont ils devront enregistrer les mouvements se ramèneront toujours à deux grandes catégories, les moyens d'action « personnes » et les moyens d'action « choses ».

Or, les premiers ne seront à tenir qu'en argent, comme les comptes collectifs et le compte général, et auront, par cela même, une forme invariable. Quant aux seconds, ils devront, en outre, indiquer les quantités, ainsi que le prix de l'unité, pour donner le décompte des sommes. Il y aura donc deux formes différentes de comptes simples : une pour les moyens d'action « personnes » et une pour les moyens d'action «choses». Mais ces deux formes conviendront d'ailleurs indistinctement à toutes les entreprises; en ce qui concerne les comptes personnels, dits comptes courants, cela est déjà démontré par l'expérience, aussi bien que par le raisonnement, puisque ces comptes existent dans la comptabilité en partie double; à l'égard des comptes de choses, on comprend facilement qu'ils auront aussi toujours la même forme, car, du moment qu'il s'agira toujours d'inscrire la quantité, le prix et la valeur de chaque genre de moyen d'action qui entre ou qui sort, peu importe évidemment qu'une entreprise puisse avoir des moyens d'action différents de ceux d'une autre ; cela n'empêchera pas l'enregistrement de se faire d'une manière identique et au moyen du même imprimé.

Nous ne parlons pas du journal, parce qu'il va de soi que le journal qui devra être tenu par toute personne pourvue d'un grand-livre, aura la même forme que ce dernier. En effet, journal et grand-livre ont à enregistrer les mêmes ordres de mise en mouvement; seulement, tandis que le premier enregistre les moyens d'action dans l'ordre où ils sont placés sur la pièce justificative, le second les répartit au compte particulier ouvert à chacun d'eux.

Quant aux comptes concernant les résultats économiques et le capital, comme ils ne peuvent être tenus qu'en argent, il est évident qu'ils auront la même forme partout.

Enfin, le bordereau classificateur au moyen duquel on condensera en argent les ordres de mise en mouvement par classes de moyens d'action, c'est-à-dire par comptes collectifs, pour les faire parvenir à la direction supérieure en suivant la filière administrative, aura toujours la même forme, du bas en haut de l'échelle, et quelle que soit l'entreprise.

La comptabilité rationnelle se tiendra donc, en résumé, au moyen de trois imprimés seulement, toujours les mêmes. Nous en donnons d'ailleurs les modèles pour achever de fixer les idées; on les trouvera à la fin de ce travail, sous les nos 1, 2 et 3.

Nous avons donc raison de dire que l'on arrive à l'uniformité absolue dès que, cessant de ne regarder les ressources et les charges que comme des valeurs, on les considère sous leur forme réelle de moyens d'action, et sous leur individualité; en même temps, cela permet à la comptabilité de devenir un instrument d'information et de contrôle d'une précision irréprochable.

Il est utile de compléter ce que nous venons de dire sur les comptes simples par quelques observations qui achèveront d'en expliquer le rôle et d'en faire comprendre l'utilité.

Nous avons dit précédemment que le rôle du capital était de contrôler la marche du compte général des moyens d'action et, du même coup, celle du compte général des résultats économiques. Le moment est venu de montrer comment, à l'aide des comptes simples, il remplira ce rôle d'une manière tellement simple et naturelle qu'il arrivera un moment où l'on s'étonnera de n'y avoir pas songé plus tôt, oubliant alors que les solutions simples sont les plus difficiles à trouver, et, une fois trouvées, à faire accepter.

En ouvrant un compte particulier à chacun des articles de l'inventaire, on a les comptes simples des moyens d'action positifs et négatifs de l'entreprise visibles à ce moment, puisque l'on vient, pour ainsi dire, d'en passer la revue d'effectif en dressant l'inventaire.

Il est incontestable qu'à ce moment ces comptes simples, liés par la valeur aussi solidement que s'ils étaient soudés ensemble, reproduisent intégralement le capital, et que chacun d'eux en représente une partie limitée et connue, précisément sous la forme suivant laquelle elle va agir pour disparaître et se transformer.

Donc, tout mouvement se produisant dans un de ces comptes, soit qu'il consiste à faire sortir une ressource (moyen d'action positif) ou à éteindre une charge (moyen d'action négatif), aura pour effet de faire varier le capital lui-même d'une valeur précisément égale à la partie déplacée de la valeur du ou des moyens d'action mis en mouvement.

Mais les moyens d'action ne sont mis en mouvement que pour être consommés ou échangés contre d'autres de valeur égale ou différente, selon les indications de l'ordre de mise en mouvement. (Principe n° 3.)

Dans le cas de consommation, il est clair que rien ne vient compenser le vide qui se produit dans le capital. Aussi la valeur des moyens d'action baisse-t-elle d'autant dans les comptes de moyens d'action; mais, par contre, il se produit un résultat économique d'une valeur égale au vide qui s'est fait dans le capital. Au cas où les moyens d'action sont échangés contre d'autres de valeur différente, les nouveaux moyens d'action viennent se souder, par la valeur, à la partie du capital restée immobile. Il en résulte que la modification dans le capital n'est plus égale qu'à la différence entre leur valeur totale et celle des moyens d'action que la première partie de l'opération a fait disparaître. Cette différence de valeur donne naissance à un résultat économique, tout comme la consommation dans le cas précédent.

Ces opérations se succèdent sans se confondre. Il est donc évident que les comptes simples de moyens d'action indiquent sûrement, par leur jeu continuel, l'état de prospérité de l'entreprise en même temps que les résultats économiques, c'est-à-dire donnent, en se condensant, la situation constante du compte général des moyens d'action et celle du compte général des résultats économiques.

Voilà une enquête permanente et complète, bien supérieure à toutes les enquêtes parlementaires que l'on pourrait ordonner de temps en temps.

Il est à remarquer que la brèche faite dans le capital par les moyens d'action disparus restera indéfiniment apparente dans les comptes intéressés, et qu'il en sera de même de l'accroissement résultant de nouveaux moyens d'action produits par l'échange; de telle sorte qu'à un moment quelconque, il sera possible de vérifier une opération si on le juge utile, ce qui sera d'autant plus facile que chaque mouvement enregistré dans un compte désigne le compte dans lequel on trouvera le mouvement correspondant.

Il est, au surplus, difficile d'imaginer comment des erreurs pourraient se produire, étant donnée la manière de saisir et de centraliser les écritures qui va suivre et le lien que la valeur établit entre le capital et les écritures passées à l'occasion de chaque mouvement. D'ailleurs, les comptes simples se prêtent encore admirablement aux vérifications matérielles d'existants, puisque, chacun d'eux représentant une partie définie du capital, on a la facilité de les vérifier séparément et d'obtenir ainsi des résultats aussi sûrs que si l'on vérifiait d'un seul coup tout l'ensemble. Il faut noter à ce sujet que les comptes simples de choses ne sont pas tenus en valeur seulement, mais qu'ils indiquent en outre les quantités, de sorte que chaque compte constitue un inventaire partiel permanent indiquant ce qu'on doit trouver comme existant, et portant son contrôle avec lui puisque les quantités et le prix contrôlent la valeur, et réciproquement.

Nous n'avons pas besoin de dire qu'aucun de ces moyens de vérification n'existe avec la comptabilite en partie double, faute de l'existence de comptes simples de choses, pas plus qu'ils n'existent avec les écritures désignées sous le nom de comptabilité publique.

Parmi les deux catégories de comptes simples, la plus importante, sans contredit, est celle des comptes de choses, puisque les comptes de personnes ne sont destinés qu'à recevoir le résultat en argent des transactions faites sur les choses et ne peuvent donc être exacts que si l'on possède des comptes de choses dont l'exactitude soit, elle-même, indiscutable. On conçoit donc toute l'importance des facilités de vérification et de référence dont nous parlions tout à l'heure. Et cependant, dans la comptabilité en partie double, on se croit sûr d'avoir une situation juste dès que les intéressés n'ont pas réclamé contre la régularité de leur compte. Cela ne saurait pourtant être une preuve certaine d'exactitude, attendu que la vérification peut n'avoir pas été faite ou avoir été mal faite, d'autant plus que le correspondant lui-même, s'il a une comptabilité, n'en a qu'une du même genre, sans compter qu'il y a à craindre qu'il ne passe sous silence une erreur commise à son avantage.

Ces explications données au sujet des comptes simples, c'est le lieu d'examiner si l'État se créerait une augmentation de travail, et, par suite, de dépenses, en adoptant, dans chaque ministère, la comptabilité rationnelle, basée sur l'emploi des comptes simples, et s'il y éprouverait des difficultés.

En ce qui concerne d'abord les comptes de personnes, ils sont assez connus par l'usage qui en est fait dans la comptabilité en partie double, employée partout dans les affaires privées, pour que l'on sache exactement quelle quantité de travail ils entraînent, et pour que l'on puisse ainsi reconnaître que ce sera un moyen plus économique et plus certain de suivre la situation des créanciers de l'État que les écritures tenues aujourd'hui à cet effet dans les administrations publiques. Sur ce premier point, l'allègement de travail n'est pas douteux, et, d'ailleurs, la tenue des comptes de personnes est une condition *sine qua non* pour substituer une véritable comptabilité aux écritures notoirement mauvaises des administrations de l'État.

Quant aux comptes de choses, leur cause n'a pas besoin d'être plaidée devant les administrations de l'État, car, ainsi que nous l'avons fait remarquer précédemment, elles les tiennent depuis longtemps pour les besoins de la comptabilité-matières organisée par la loi de 1843, et elles ont déjà dressé les nomenclatures nécessaires à cet effet. Il y aura seulement, changeant le point de vue auquel ces comptes sont tenus, à y introduire la valeur, laquelle figure déjà partout dans ces écritures, excepté dans les comptes simples, auxquels il est indispensable de l'étendre pour qu'elle produise un résultat utile. Il n'en résultera d'ailleurs aucune augmentation de travail ; l'allègement sera au contraire considérable.

Ainsi, en résumé :

1° Les deux catégories de comptes simples qu'il s'agirait de tenir, ont, l'une et l'autre, subi l'expérience d'une longue pratique ;

2° La plus importante de ces deux catégories, celle précisément qui pourrait être mise en question d'après les errements de la comptabilité en partie double, fonctionne déjà dans les administrations de l'État elles-mêmes, où tout est prêt, par conséquent, pour en conserver l'emploi en l'améliorant ;

3° Enfin, la tenue de ces deux genres de comptes simples nécessaires à la comptabilité rationnelle, loin de donner lieu à un supplément de travail, apportera au contraire un très sérieux allègement; on peut l'affirmer après avoir comparé ce qu'il s'agit de faire à ce qui se fait déjà.

Quant à la comptabilité employée dans les affaires privées, il suffirait, pour lui faire donner des résultats irréprochables et pour l'unifier, d'y introduire les comptes simples de choses, en remplacement des livres auxiliaires que l'on tient aujourd'hui sous plusieurs noms et sous les formes les plus diverses, sans que d'ailleurs, comme ce titre d' « auxiliaires » l'indique, ils forment partie intégrante de la comptabilité, et, de plus, d'y faire saisir les écritures élémentaires de la façon qui sera indiquée plus loin; enfin, d'y créer le compte général des moyens d'action, ce qui ramènerait les comptes dits généraux au rôle de comptes collectifs qui est, en réalité, le leur. A ce prix, la comptabilité en partie double deviendra la comptabilité rationnelle.

Voilà le mécanisme décrit et expliqué de manière, croyons-nous, à faire bien comprendre en vertu de quels principes il est établi et quels avantages il donnera.

Nous pourrions, à la rigueur, nous arrêter là, car il ne s'agit plus que de lire les pièces justificatives élémentaires comme des ordres de mise en mouvement; nous croyons cependant qu'il ne sera pas inutile de montrer la marche de ce mécanisme. C'est ce que nous allons faire en prenant des exemples des diverses opérations qui peuvent se présenter.

Nous examinerons tout d'abord les cas les plus simples, puis ceux qui sont plus compliqués. On aura l'occasion de se convaincre par ces exemples que toutes les affaires se bornent bien à des mouvements de moyens d'action, ordonnés par les pièces justificatives qui font connaître non seulement l'individualité des moyens d'action mais aussi leurs classes et, par là, déterminent les comptes collectifs au moyen desquels les opérations devront se résumer pour éclairer les directions de différents degrés.

Afin de pouvoir nous expliquer plus facilement, nous nous placerons tout d'abord dans l'hypothèse d'une organisation administrative dans laquelle les détenteurs de moyens d'action, ou comptables d'origine, seraient en relation directe avec la direction suprême, et où celle-ci voudrait connaître la situation, non seulement en bloc, mais aussi par classes de moyens d'action. Dans ce cas, on comprend que la direction supérieure, faute de directions subalternes, devrait dresser elle-même le bordereau récapitulatif quotidien nécessaire pour centraliser les opérations présentées en comptes collectifs par les divers comptables d'origine, et pour les condenser sur le bordereau jusqu'à ramener le tout aux deux comptes généraux « Moyens d'action » et « Résultats économiques. »

Ceci entendu, examinons les quatre exemples suivants, qui donneront la clé pour l'enregistrement de toutes les opérations qui peuvent se présenter :

1er Exemple. — Achat de marchandises destinées à être mises en magasin.

2e Exemple. — Objets du magasin livrés à des clients de l'entreprise.

3e Exemple. — Sortie d'objets livrés par le magasin pour être mis en service, à l'outillage, par exemple.

4e Exemple. — Travaux faits par l'entreprise.

1er Exemple

1er *Cas.* — Supposons que l'achat est fait à un fournisseur ayant déjà son compte ouvert dans l'entreprise, et porte sur des marchandises ayant elles-mêmes un compte simple ouvert à chacune d'elles, suivant son espèce.

Supposons, en outre, que la personne qui aura à conserver les marchandises en magasin est chargée de faire elle-même la recette, c'est-à-dire de vérifier si les conditions de la commande ont bien été remplies, et d'indiquer sur la facture les comptes simples dans lesquels les objets reçus doivent entrer.

Nous aurions beaucoup de choses à dire sur la manière dont les recettes sont faites, soit dans les administrations publiques, soit dans les administrations privées; mais, laissant à la comptabilité rationnelle, dont le domaine est distinct de celui de l'administration, le soin d'éclairer elle-même cette dernière sur les réformes qu'il conviendrait d'apporter dans les justifications, ce qu'elle fera mieux que nous et avec plus d'autorité, nous nous bornons à faire remarquer qu'il est nécessaire, pour bien distinguer les différentes responsabilités en cause, que celui qui fait la recette en laisse trace sur la facture, et ajoute sur celle-ci ce qu'il faut pour permettre de prendre charge des objets.

Dans le cas que nous supposons, cette personne chargée de recevoir les marchandises, et ensuite de les garder en magasin, sera seule comptable d'origine et aura donc entre les mains les comptes simples de moyens d'action personnels ou tout au moins ceux des fournisseurs, et les comptes simples des moyens d'action « Marchandises en magasin. » Il lui sera donc facile de décrire l'opération d'une manière rigoureusement exacte; elle n'aura qu'à porter en sortie au compte du fournisseur la somme qui lui est due (charge que l'entreprise assume pour se procurer certains moyens d'action) et, d'un autre côté, à inscrire en entrée, au compte de chaque moyen d'action choses (marchandises en magasin), les quantités et les valeurs de chacun des articles reçus, en ayant soin, dans chaque inscription, de rappeler dans la colonne « Origine des entrées ou Destination des sorties » les comptes qui sont opposés dans l'opération, de manière qu'en cas de différence ou de contestation, connaissant le compte opposé et le numéro de la pièce, on puisse remonter facilement à l'origine de l'opération et en avoir l'historique par le journal.

Cela fait, pour rendre compte à la direction dont il relève (la direction suprême, dans l'hypothèse où nous nous plaçons), le comptable d'origine aura tout simplement à envoyer, à la fin de la journée comptable, la pièce justificative originale, classée dans un bordereau n° 3, sur lequel elle sera inscrite en argent seulement, en débit et en crédit pour des sommes égales, puisque le moyen d'action sorti sera de même valeur que l'ensemble des moyens d'action entrés.

L'opération s'effectuera donc tout entière dans le compte général des moyens d'action, et, bien entendu, comme comptes collectifs, dans celui des fournisseurs de l'entreprise (en crédit) et dans celui des marchandises en magasin (en débit).

Cette opération à faire par le comptable d'origine sera facilement comprise, puisque c'est exactement ce que l'on fait déjà pour la comptabilité privée actuelle, sauf la substitution des comptes simples de choses aux livres auxiliaires et la manière différente de saisir les écritures élémentaires.

2e *Cas.* — Si un compte n'était pas déjà ouvert au fournisseur ni à chacun des moyens d'action choses faisant l'objet de la fourniture, il est à peine besoin de dire que l'on aurait à leur en ouvrir un dans la classe voulue, c'est-à-dire, pour le cas qui nous occupe, soit dans la classe des fournisseurs, soit dans celle des marchandises en magasin. Cela fait, on se trouverait dans le cas précédent.

Dans les entreprises où il existera une ou plusieurs nomenclatures préparées à l'avance pour les besoins du magasin, comme c'est le cas, par exemple, dans les administrations de l'État, on n'éprouvera aucune difficulté à ouvrir un compte simple au moyen d'action « choses », car la nomenclature donnera le nom de ce dernier, ainsi que l'unité suivant laquelle on devra en compter, et fera, de plus, connaître la classe de laquelle il dépend. Les nomenclatures indiqueront donc comment le grand-livre des comptes simples devra être divisé par classes de moyens d'action, et elles montreront, par là même, comment la condensation de ces comptes devra se faire sur les bordereaux journaliers d'après lesquels seront tenus les comptes collectifs. Les nomenclatures donneront en outre toutes les autres indications nécessaires à la formation des comptes collectifs, mais, pour le moment, nous voulons seulement retenir qu'elles détermineront l'individualité des moyens d'action et les classes suivant lesquelles ils seront groupés, de sorte qu'elles permettront d'établir les comptes simples et les comptes collectifs de choses.

Dans les entreprises où l'on n'aura pas jugé utile détablir au préalable une nomenclature, il est clair que les moyens d'action n'en seront pas moins divisés nécessairement par classes, au moins comme ils le sont aujourd'hui, ou encore comme le sont déjà les moyens d'action personnes quand les débiteurs ou les créanciers sont nombreux ; dès lors, il suffira que le répertoire qu'on est dans l'usage d'établir pour les comptes du grand-livre soit divisé lui-même suivant ces classes, pour qu'il tienne lieu de nomenclature. Il permettra, en effet, de voir si un compte est déjà ouvert à un moyen d'action donné, et, en outre, indiquera de quelle classe ce compte fait partie, dans quel registre et à quel folio on le trouvera; en en faisant connaître la classe, il déterminera le compte collectif dans la composition duquel il entre, et cela permettra l'établissement des bordereaux journaliers. En attendant le moment où, en traitant des comptes collectifs, nous reviendrons sur cette question du groupement des comptes simples par classes, pour montrer comment, dans les entreprises où la responsabilité est hiérarchique, ces classes se grouperont à leur tour pour former de nouveaux comptes collectifs, plus larges et moins nombreux, nous avons cru intéressant d'indiquer comment le répertoire du grand-livre tiendra lieu de nomenclature là où ce dernier document n'existera pas.

3e *Cas.* — Marchandises expédiées à l'entreprise, ou mises à sa disposition d'après sa commande, mais dont elle n'est pas encore entrée en possession effective. — Ce cas est spécial aux affaires privées, car les administrations de l'État ne prennent charge des marchandises que lorsque la recette en est devenue définitive. Nous ne rechercherons pas d'ailleurs si c'est avec raison qu'elles en agissent ainsi, et si les fournisseurs ne font pas payer cette acceptation d'une position moins avantageuse pour eux que celle qu'ils prennent vis-à-vis de leur clientèle civile, pas plus que nous n'examinerons si ces mêmes fournisseurs ne font pas entrer en ligne de compte le temps qu'ils doivent attendre le paiement de leurs livraisons.

Ce mode de procéder, en effet, comme toute autre mesure administrative, ne pourra être jugé sûrement que lorsqu'on aura le moyen, grâce à une comptabilité véritable, d'en connaître les résultats économiques; alors, et alors seulement, on pourra les comparer à ceux d'une mesure différente prise dans le même but.

Nous ne nous occupons donc de ce cas qu'au point de vue des affaires privées, et uniquement pour faire remarquer que les marchandises en cours de transport ou en instance de recette ne constituent pas des moyens d'action de même nature que ceux sur la réception desquels on a statué, et que l'on peut mettre en magasin pour en disposer à volonté. Aussi, de même que, dans celles des entreprises privées où l'on a déjà reconnu la nécessité d'ouvrir un compte général spécial aux marchandises se trouvant dans ce cas, pour les distinguer des marchandises en magasin, la Comptabilité rationnelle aura-t-elle un compte collectif spécial pour les recevoir.

Ici, le moyen d'action, ce sera la livraison elle-même, c'est-à-dire le montant en argent de la facture, sans distinction des articles qu'elle renferme, et chaque livraison donnera donc naissance à un compte simple. Remarquons, en passant, que ce compte ne sera que l'équivalent, mais dans de meilleures conditions, des écritures que l'on fait aujourd'hui pour pouvoir régler les factures.

Ce compte simple, dont la durée sera limitée au temps qu'exigera la reconnaissance de la livraison, devra recevoir en outre les frais accessoires directement applicables à la livraison, tels que transport, douane, etc., frais qui, faisons-le remarquer pour éviter toute équivoque, ne seront que l'entrée dans ce compte des moyens d'action numéraire qu'on aura dû faire sortir de la caisse.

On aura ainsi, par le jeu direct des comptes simples, le prix coûtant des moyens d'action livrés, et le compte de la livraison se soldera exactement, soit en faisant entrer ces moyens d'action pour ce prix dans les comptes simples de marchandises en magasin, si toute la livraison est acceptée, soit en débitant le compte du fournisseur de la valeur afférente à la partie des marchandises que le fournisseur, après entente, aura consenti à reprendre.

Le compte collectif de la comptabilité rationnelle « Marchandises au prix coûtant », résumant les comptes simples des moyens d'action de cette classe, donne une idée exacte du compte que certaines entreprises ont substitué avec raison au compte « Marchandises générales », et auquel elles ont donné le nom de compte « Magasin ». Disons incidemment que ce titre est trop peu explicite, parce qu'il ne mentionne pas que les marchandises sont entrées dans le compte au prix coûtant, ce qui ferait supposer qu'elles doivent toujours y être mises au même prix, tandis que ce n'est pas le cas, ainsi que nous le verrons plus loin.

4ᵉ *Cas.* — Supposons maintenant que, toutes les autres circonstances restant les mêmes que dans les cas précédents, la recette et la prise en charge par le magasin ne sont pas faites par la même personne.

Cette contradiction de deux responsabilités pour une même opération administrative portant en réalité sur deux ordres de faits très distincts : la sortie des moyens d'action d'un compte et leur entrée dans un autre, toujours dans de telles conditions qu'ils constituent des moyens d'action différents, est la règle constante des administrations de l'État. Il est vrai que mal appliquée, comme elle l'est aujourd'hui, elle n'y produit aucun avantage sérieux, et, si l'on va au fond des choses, on reconnaît qu'elle est aussi la règle des administrations privées, où non moins mal appliquée, mais pour d'autres causes, telles que la manière de saisir et de centraliser les écritures élémentaires, elle ne produit pas de meilleurs fruits.

Pour montrer l'importance de ce point, nous ferons remarquer que les malversations n'acquièrent de gravité que si elles peuvent se perpétuer comme aujourd'hui, où il faut une circonstance fortuite pour les faire découvrir, témoin le déficit considérable constaté dernièrement dans des caisses d'épargne et qui a mis en cause la responsabilité de l'État, alors que, remarquons-le, il était impuissant à conjurer l'événement, dont il ne pourra pas davantage éviter le retour tant que l'on restera dans les errements actuels.

Ces malversations que permet, — nous allions dire que facilite — la méthode dite en partie double, n'ont pas d'autres causes que l'oubli ou la mauvaise application de la règle consistant à opposer toujours deux responsabilités pour une même opération. L'adoption de la comptabilité rationnelle, qui ne laissera pas place aux erreurs involontaires, rendra évidemment ces malversations impossibles, à la grande satisfaction de la conscience publique. Ce résultat sera obtenu grâce aux comptes simples et à la manière toute nouvelle de saisir et de centraliser les écritures des comptables d'origine, ce qui procurera le contrôle le plus sérieux et le plus efficace.

Dans l'hypothèse que nous envisageons de la contradiction de deux responsabilités, il y aura deux comptables d'origine au lieu d'un seul, et la tenue des comptes simples se répartira entre eux : A, chargé des opérations de recette, aura les comptes simples des fournisseurs, tandis que B, qui devient le détenteur des objets, aura les comptes simples des moyens d'action « Marchandises en magasin ». A ne fera donc que la moitié ne l'opération en créditant le fournisseur, et pour que B puisse faire l'autre moitié A devra lui remettre, en même temps que la marchandise, la facture réglée, c'est-à-dire portant la mention que la recette a été faite, et, de plus, annotée des indications nécessaires pour que B puisse entrer dans ses comptes simples les quantités, les prix et les valeurs des moyens d'action « Marchandises en magasin. »

Si le règlement en vigueur dans l'entreprise dit que la recette sera faite par une autre personne que A, par une commission, par exemple, comme c'est le cas dans les administrations de l'État, où la personne qui aura à mettre les marchandises en magasin assiste la commission avec le droit de consigner ses observations au procès-verbal (droit qui, avec la manière actuelle de procéder, reste tout platonique), il est clair que le procès-verbal de recette, après avoir été enregistré comme il l'est aujourd'hui, devrait accompagner la facture et arriver ainsi sous l'œil de la direction suprême, après avoir fait l'objet de l'examen de toutes les personnes qui ont à exercer un contrôle hiérarchique sur l'opération, sans préjudice du contrôle que l'on aurait institué en dehors pour aider le ministre dans sa tâche et qui deviendrait aussi efficace que facile, grâce à la comptabilité rationnelle.

L'opération ayant été ainsi inscrite dans les comptes simples des deux comptables d'origine, chacun en ce qui le concerne, quand il s'agira d'en rendre compte à la fin de la journée comptable, le bordereau de A portera en sortie, c'est-à-dire au crédit du compte collectif des moyens d'action « Fournisseurs », le montant de la facture, et en entrée, c'est-à-dire au débit d'un compte d'ordre spécial « Mouvements de comptable à comptable », la même somme remise en compte à B. Celui-ci, de son côté, sur son bordereau, portera la même somme au crédit de ce dernier compte et au débit du compte collectif des moyens d'action « Marchandises en magasin », ce qui balancera les écritures de A.

Si les deux comptables d'origine relèvent de la même direction, ce qui peut arriver même dans le cas où les comptables d'origine auraient affaire à des directions subalternes, le double mouvement de comptable à comptable ne dépassera pas le comptable centralisateur placé près de la direction dont ils relèvent, et à laquelle arriveront les deux bordereaux sur lesquels les deux mouvements de comptable à comptable s'annulent en se balançant. Si, au contraire, ils dépendent de directions différentes le mouvement de comptable à comptable ne disparaîtra que là où ses deux parties se trouveront réunies et se balanceront. Cela pourra être au chef-lieu administratif ou à la direction suprême.

La conséquence de ce qui précède, c'est que, suivant l'organisation administrative, il pourra être nécessaire d'avoir recours à trois comptes collectifs de mouvements de comptable à comptable :

Le premier, pour les opérations s'effectuant dans la même direction subalterne;

Le second, pour les opérations s'effectuant dans des directions différentes du même chef-lieu;

Le troisième, enfin, pour les opérations qui s'effectuent entre chefs-lieux et qui viennent se balancer sous l'œil de la direction suprême.

Dans les administrations de l'État, l'emploi du bordereau journalier pour la transmission des pièces justificatives à la direction dont relèvent les détenteurs (comptables d'origine) ne serait pas une innovation ; il suffira d'en modifier la forme suivant le modèle n° 3 pour le transformer en bordereau comptable classificateur des opérations.

Dans les administrations où ils existera, comme dans celles de l'État, plusieurs étages de responsabilités, le même modèle de bordereau servira également pour la transmission des pièces au chef-lieu, et de là à la direction suprême, après qu'on aura, s'il y a lieu, condensé les comptes collectifs, pour en obtenir de nouveaux, plus larges et moins nombreux.

Les mouvements de comptable à comptable n'ont, en eux-mêmes rien de nouveau puisqu'ils sont déjà employés en diverses circonstances et sous différents noms dans les administrations de l'État, tant dans la comptabilité dite « financière » où on les appelle « Mouvement de Trésorerie » que dans celle dite « des Matières » où ils prennent soit le nom que nous venons de leur donner, soit celui de mouvements intérieurs.

Ces mouvements de comptable à comptable se justifient par la nature même de l'opération, et, en les escamotant, dans les affaires privées, on masque un fait cependant très réel, tandis qu'il y aurait tout avantage, au point de vue du contrôle, à profiter d'une contradiction des responsabilités.

Mais il y a quelque chose qui domine tout, c'est qu'on ne peut s'en passer qu'à la condition de communiquer les livres élémentaires. Il faut donc d'abord que cette communication soit possible. Or, elle ne l'est que dans les entreprises restreintes où le nombre des détenteurs de moyens d'action est peu considérable et, par suite, le nombre des livres élémentaires peu considérable aussi. Encore entraîne-t-elle dans ce cas la création d'un double jeu de livres élémentaires, si l'on ne veut pas gêner la passation des écritures. Cette communication n'est possible, en outre, qu'à la condition que les opérations de l'entreprise s'effectuent toutes au même lieu, parce que, la communication des livres dispensant de communiquer les pièces justificatives, la direction doit pouvoir se reporter à celles-ci toutes les fois qu'elle le juge utile pour contrôler les écritures dressées d'après ces pièces. Evidemment, ces conditions ne se rencontrent pas dans les administrations de l'État et la communication des livres élémentaires y serait donc impraticable, comme nous le disions.

C'est là, croyons-nous, une des causes, et non la moindre, qui ont fait échouer la tentative faite pour appliquer aux arsenaux de la Marine la comptabilité en partie double, laquelle entraîne la communication des livres élémentaires et nécessite, en outre, une organisation administrative qui permette l'application de cette méthode, ainsi d'ailleurs que l'enseignent tous les traités écrits sur la matière.

Enfin, même en supposant cette communication praticable dans les administrations de l'État, elle serait, du moins dans certains cas, la source d'erreurs également à redouter dans les administrations privées, que le détenteur n'aurait pas le moyen de relever, et dont il se trouverait néanmoins responsable si sa responsabilité était effective. Le même reproche ne peut pas être adressé au mode de centraliser et de saisir les opérations élémentaires à l'aide des bordereaux que les détenteurs enverront, avec les pièces justificatives, au comptable centralisateur placé au-dessus d'eux; il y aura toujours, en effet, pour faire foi, les pièces justificatives ou, lorsqu'on s'en sera dessaisi, leur enregistrement au journal et dans les comptes simples, en sorte que cette transmission procurera un contrôle au lieu de pouvoir amener des erreurs.

Il n'est pas besoin d'une longue réflexion pour reconnaître que l'établissement, par les comptables d'origine, des bordereaux journaliers, qui sont d'ailleurs déjà en usage dans les administrations de l'État pour transmettre les pièces justificatives, et qu'il n'y aurait qu'à modifier dans le sens que nous avons dit pour les faire servir à classer les opérations, ne donnera pas plus de peine que la communication des livres élémentaires et leur dépouillement, et qu'il apportera même un notable allègement. D'abord, cela conduit à une meilleure répartition du travail, qui n'impose pas au comptable d'origine des connaissances qui lui sont étrangères, puisque son rôle se bornera à porter au crédit ou au débit des classes de moyens d'action qui lui sont confiées, et qu'il connaît bien, par conséquent, la valeur totale et le numéro de chaque pièce justificative. Quand la contre-partie doit être portée dans un compte qu'il n'est pas chargé de tenir, il se borne à faire un mouvement de comptable à comptable, laissant au comptable d'origine chargé de cette contre-partie, c'est-à-dire à celui qui lui a livré ou de qui il a reçu le soin d'inscrire cette seconde partie de l'opération dans les comptes.

D'un autre côté, le bordereau journalier pouvant s'établir au fur et à mesure des opérations et se clore à la fin de la journée comptable, sera le moyen de connaître sûrement la situation tous les jours, sans qu'il en résulte une charge appréciable.

5e *Cas.* — Achat de marchandises opéré dans les mêmes conditions que dans le cas précédent, mais avec cette différence toutefois que les marchandises (moyens d'action choses) à verser dans le magasin sont confiées au dépositaire à un prix fixé arbitrairement par l'administration, c'est-à-dire, par exemple, dans les administrations de l'État, au « prix officiel » qui est déterminé dans les nomenclatures, où il reçoit quelquefois aussi le nom de prix ministériel, et, dans les affaires privées, au prix fixe, ou encore au prix marqué pour la vente, sur lequel, dans les entreprises où les transactions ne se font pas à prix fixe, se calculent les escomptes ou réductions consentis.

Nous n'avons pas à examiner si c'est avec raison que l'administration entre ses marchandises en magasin à un prix arbitraire, dit prix officiel (administrations de l'État), ou prix de vente fixe ou réductible (entreprises privées); il suffit qu'elle ait adopté cette règle pour que la comptabilité doivent s'y prêter; la comptabilité doit pouvoir, en effet, décrire les actes de l'administration quels qu'ils soient, et il a fallu la confusion qu'elle a offerte jusqu'ici pour faire croire qu'elle dépendait, dans une mesure quelconque, de l'organisation administrative, et pour faire enseigner, par exemple, que les objets devaient toujours figurer dans les comptes au prix d'achat ou de revient.

Cet expédient, qui ne s'accommode ni du prix officiel adopté par les administrations de l'État, ni du prix de vente (fixe ou réductible) employé dans beaucoup d'entreprises privées, n'est heureusement pas nécessaire, nous le répétons. Au surplus, le prix qu'on a préconisé comme devant être seul employé dans la comptabilité n'est lui-même, en réalité, qu'un prix arbitraire provisoire s'approchant plus ou moins de la réalité sans y atteindre, car le prix vraiment exact ne peut être connu qu'au moment de la clôture de l'exercice, après la répartition proportionnelle des frais qui n'ont pas pu être appliqués directement à chaque article.

Examinons ce cas du prix officiel ou prix arbitraire.

Il est de toute évidence qu'ici la valeur de la charge consentie pour se procurer les ressources ne sera pas égale à la valeur totale de ces ressources ; en d'autres termes, la valeur sortie ou portée au crédit du moyen d'action « personne » ne balancera pas la valeur d'ensemble des moyens d'action « choses » confiés au dépositaire.

Cette différence de valeur est un résultat économique (principe n° 4) produit par un acte de l'administration, et cet acte, avec son résultat, doit être visible dans les écritures ; d'ailleurs, le compte de moyens d'action « choses » ne pourrait pas joindre si l'on faisait entrer un même moyen d'action à un prix pour le faire sortir à un autre.

Dans le cas qui nous occupe, on procèdera donc comme suit :

Puisque A, ayant reçu du fournisseur une somme x montant de sa facture pour certains moyens d'action, doit les passer à B pour une valeur de $x + d$ (d étant la différence, qui sera généralement positive, entre le prix coûtant et le prix conventionnel), il inscrira la somme x au crédit du compte ouvert au fournisseur, comme il l'aurait fait dans le cas précédent, et, d'un autre côté, il portera au compte « Mouvements de comptable à comptable » la somme pour laquelle les moyens d'action sont passés à B. Comme cette somme sera supérieure à x, la différence, qui représente précisément le résultat économique de l'opération, sera portée par lui, en sortie (crédit), dans un compte en argent qui ne fera plus partie de l'organisme des comptes moyens d'action, mais bien du compte général des résultats économiques. De son côté, B, qui a reçu des moyens d'action pour une somme $x + d$, les portera en entrée pour cette valeur avec l'origine « Mouvement de comptable à comptable ».

De cette manière, l'opération se trouvera fidèlement reproduite telle qu'elle s'est accomplie, et sans créer aucune confusion dans les écritures ni dans les responsabilités.

Nous aurions été désireux de pouvoir nous renseigner d'une façon certaine sur la manière de procéder des entreprises qui vendent à prix fixe, mais nous avons dû y renoncer, en présence de la répugnance des commerçants à laisser voir leurs livres. D'ailleurs, notre curiosité a diminué quand nous avons pu constater que l'organisation comptable de ces entreprises ne les mettait pas à l'abri d'erreurs de prix et de quantités qu'elles ne pouvaient pas redresser. Quoique nous en soyons réduit aux hypothèses, nous sommes persuadé que les entreprises en question procèdent comme nous venons de l'indiquer, en tant qu'il s'agit de comptes collectifs, mais sans se servir des comptes simples de choses, et c'est précisément ce qui rend impossible la découverte des erreurs de prix et de quantités commises par les vendeurs, qui sont en même temps les détenteurs, de sorte qu'au moment de l'établissement de l'inventaire, ces erreurs faisant masse avec les autres causes d'inexactitudes en plus ou en moins, il est impossible d'en faire la part, qui doit être considérable si nous en jugeons par les exemples qu'il nous a été donné de voir.

Si, malgré le contrôle sérieux que le comptable centralisateur sera à même d'exercer sur les écritures du comptable d'origine, on admet qu'il s'y soit glissé néanmoins des erreurs, parce que l'enregistrement des pièces sur les livres du comptable d'origine n'aura pas été vérifié ou aura été mal vérifié, ces erreurs ne pourront pas manquer d'être redressées à la fin de chaque mois, au moment de l'établissement des balances, parce que si, à ce moment, la balance du comptable d'origine établie par comptes simples totalisés par classes ou comptes collectifs, n'est pas trouvée d'accord avec les écritures du comptable centralisateur, tenues par classes seulement, d'après les bordereaux reçus du comptable d'origine et vérifiés d'après les pièces justificatives qui les accompagnent, dans ce cas, disons-nous, il suffira de faire un pointage qui sera limité à la classe où se trouve l'erreur, ou même aux entrées ou aux sorties de cette classe, et l'on sera certain de redresser aisément cette erreur.

Il est facile de reconnaître que cette manière de procéder n'entraînera pas un travail plus long que celui qu'on fait aujourd'hui, au contraire.

On peut remarquer que le premier exemple d'application de la comptabilité rationnelle que nous venons de donner (achat de marchandises destinées à être mises en magasin) nous a déjà fourni, à lui seul, par l'examen des différents cas qui peuvent se présenter, l'occasion de faire comprendre bien des points de la Comptabilité véritable et de les comparer à ce qui se fait dans les écritures les moins imparfaites aujourd'hui en usage.

Nous avons vu à l'œuvre les pièces justificatives mettant en mouvement les moyens d'action sous l'individualité qui leur est propre, afin de les faire sortir et entrer, pour une même opération, de manière à pouvoir suivre la situation matérielle.

Ce n'est que lorsque la situation matérielle est assurée, sans erreur possible et avec la faculté d'y recourir à un moment quelconque, dans les conditions que nous avons indiquées en traitant des comptes simples, qu'on peut sans danger la résumer en argent. C'est même là le point capital de la réforme à opérer; tout le reste n'en est que la conséquence. A l'égard de cette condensation en argent, les pièces justificatives indiquent encore ce qu'il y a à faire; on l'a vu par la marche des comptes collectifs suivants :

1° Marchandises en cours de transport ou en instance de recette;

2° Marchandises en magasin (au prix coûtant);

3° Marchandises en magasin (à un prix arbitraire à déterminer par l'entreprise);

4° Fournisseurs de l'entreprise;

5° Différences de valeur entre le prix coûtant et le prix arbitraire;

6° Enfin, mouvements de comptable à comptable.

Les quatre premiers de ces comptes collectifs entrent dans la composition du compte général des moyens d'action; le cinquième fait partie du compte général des résultats économiques; quand au dernier, c'est un compte d'ordre appelé à disparaître dès qu'il a rempli son but.

Nous avons pu montrer, en outre, comment la centralisation des écritures des comptables d'origine s'opèrera au moyen d'un bordereau journalier, dressé de façon à présenter les opérations en les groupant par comptes collectifs.

2e Exemple.

Objets du Magasin livrés à des clients de l'entreprise.

Quoique ce cas soit très rare dans les Administrations de l'État, nous devons néanmoins l'examiner parce qu'il s'y présente cependant quelquefois et que, d'ailleurs, la solution qu'il reçoit par la comptabilité rationnelle est aussi celle que recevront toutes les opérations de même sorte, c'est-à-dire toutes celles ayant pour résultat final de faire sortir des comptes simples où on les a placés les moyens d'action « Marchandises en magasin » tels qu'on les possède au moment de l'opération, et de faire entrer en échange dans le compte particulier du débiteur, ou dans le compte caisse si l'opération s'effectue au comptant, c'est-à-dire dans un compte simple de moyens d'action d'une autre classe, le prix de la transaction, qui peut représenter une valeur différente, sauf dans le cas de la vente à prix fixe.

Du reste, si les opérations de vente sont rares dans les administrations de l'État, elles sont, au contraire, le but même des affaires privées.

La facture que le vendeur établit pour être remise au client, ou le bulletin qu'il fait pour la caisse dans les entreprises qui vendent à prix fixe, est le titre en vertu duquel la mutation de propriété s'effectue. Cette pièce contient donc toutes les conditions de la transaction, et elle doit être regardée comme un ordre de mise en mouvement, puisqu'elle a pour effet d'opérer un vide dans les comptes simples tenus par les détenteurs des moyens d'action de la classe des marchandises en magasin, et de compenser ce vide par une entrée dans un compte simple d'une autre classe (Débiteurs ou Caisse) qui se trouve placé dans une autre main si l'on respecte, comme nous en avons montré le grand intérêt, le principe de la responsabilité contradictoire de deux comptables d'origine pour la même opération.

Nous l'avons vu, les marchandises peuvent être mises en magasin soit au prix coûtant, soit à un prix arbitraire qui sera fixe ou susceptible de rabais; il y a donc trois cas dont les deux derniers ne sont visés, à notre connaissance, dans aucun traité de comptabilité.

Supposons d'abord le cas de la vente de moyens d'action entrés au prix coûtant.

Dans ce cas, il est clair qu'on devra, comme cela se fait dans la comptabilité en partie double, porter au compte « Profits et pertes, » qui dépendra du compte général des résultats économiques, la différence entre le prix coûtant et le prix auquel la transaction s'effectue.

Supposons maintenant le cas de la vente à prix fixe. Si ce cas n'est pas prévu dans les traités de comptabilité, cela tient à ce que la méthode en partie double, n'ayant, en principe, pour recevoir les résultats économiques, que les deux comptes « Profits et pertes » et « Frais généraux, » n'offre aucune place pour inscrire des résultats économiques qui ne sont que la conséquence d'une mesure administrative et ne représentent ni des bénéfices ou des pertes ni des frais généraux.

Aussi, avons-nous déjà dû nous en occuper au moment de la mise des marchandises en magasin au prix marqué pour la vente, et dire comment serait inscrite la différence entre ce prix et le prix coûtant.

Au moment de la vente, il n'y aura évidemment aucun résultat économique à enregistrer, puisque les moyens d'action sortiront du compte Magasin au prix même pour lequel ils y étaient entrés.

Il va sans dire qu'en fin d'exercice, si l'on a besoin de connaître le bénéfice exact réalisé par l'entreprise, on devra, comme on le fait aujourd'hui, réévaluer les marchandises restant en magasin pour les ramener au prix coûtant.

Examinons, enfin, le cas de la vente avec un rabais sur le prix marqué.

Ce cas se présente dans beaucoup d'entreprises où, faute de savoir où placer les différences, on sort du compte Marchandises les moyens d'action au prix de vente, après les y avoir entrés au prix coûtant. On aperçoit aisément la gravité de la confusion qui s'établit ainsi dans les comptes.

On évitera cette confusion si, après avoir déjà mis à part dans un compte *ad hoc* la différence entre le prix coûtant et le prix marqué pour la vente, on a soin encore d'indiquer, au moment de la vente, le rabais qui constitue une différence par rapport à ce dernier prix.

Voici d'ailleurs, en détail, quelles seront les écritures à passer à ce moment.

Le détenteur des moyens d'action « Marchandises en magasin » aura à constater le résultat économique constitué par le rabais, exactement comme on l'avait fait pour la différence entre le prix coûtant et le prix marqué pour la vente, et il devra aussi en rendre compte de la même manière.

Ce détenteur, après avoir fait sortir de ses comptes simples de choses les marchandises objet de l'opération, au prix où elles y avaient été entrées, rendra donc compte de ces mouvements en inscrivant sur son bordereau journalier, au crédit du compte « Marchandises en magasin », la valeur totale de ces sorties, sans avoir égard aux rabais, et au débit d'un compte de résultats économiques, soit celui que nous avons déjà vu, soit un autre, la valeur du rabais consenti. Il équilibrera son bordereau en y portant au débit du compte « Mouvements de comptable à comptable » le montant de la transaction.

De son côté, le comptable d'origine chargé de tenir les comptes personnels des débiteurs débitera le client du montant de la transaction, et sur son bordereau ce débit sera balancé par un crédit égal du compte « Mouvements de comptable à comptable. » Il fera ces inscriptions, soit au vu de la facture elle-même, soit, s'il y a des difficultés à la lui communiquer, au moyen d'une note très sommaire énonçant le nom du client, la somme qu'il doit, et le numéro sous lequel les marchandises ont été portées en sortie sur le journal, note qui lui sera fournie par le comptable d'origine des moyens d'action « Marchandises en magasin ». Elle pourra lui être remise à la fin de chaque journée comptable, assez tôt pour qu'il puisse la comprendre dans les opérations de la journée; ce ne sera pas une difficulté, car l'usage de fixer les limites de la journée comptable existe déjà dans les grandes administrations, telles que les chemins de fer, par exemple.

Cette manière de procéder, en même temps qu'elle est plus simple que la communication du livre des débits, qui se pratique dans la comptabilité en partie double, offre aussi beaucoup plus de sécurité.

3e Exemple.

Objets sortis du Magasin pour être mis en service, à l'outillage, par exemple.

Si le cas précédent est très rare dans les administrations de l'État, celui-ci y est, au contraire, très fréquent, car il s'applique aux opérations concernant le matériel mis en service sous une dénomination quelconque, et constitue le fond des écritures qu'on dénomme « Comptabilités suivies sur inventaires particuliers », lesquelles, avec celle dite « Comptabilité des Travaux », forment les « Comptabilités administratives » que nous avons signalées comme étant soustraites actuellement au contrôle de la Cour des Comptes.

Nous allons montrer comment ces écritures, qui, en réalité, n'ont rien de la comptabilité, seront remplacées par les comptes de la comptabilité rationnelle, et comment cela permettra à la Cour des Comptes d'exercer son contrôle sur les opérations qu'elles concernent, sans qu'il lui en coûte plus de travail, et sans augmenter non plus les charges de l'administration, mais en les diminuant au contraire.

Faisons d'abord remarquer que les mêmes opérations font l'objet, dans les affaires privées servies par la comptabilité en partie double, des comptes dits généraux de l'outillage, du mobilier industriel, des immeubles, etc., en un mot, de tous les comptes établis pour suivre la situation de la partie du capital regardée dans ces affaires comme étant immobilisée, et à l'appui desquels il y a toujours, inévitablement, des inventaires permanents plus ou moins apparents et plus ou moins bien tenus à jour et qui, dans certaines entreprises, prennent place parmi les livres auxiliaires.

Ainsi, on voit que dans les administrations publiques, aussi bien que dans les entreprises privées, c'est-à-dire quelles que soient les écritures employées, la mise en service des objets du magasin exige toujours la présence d'inventaires permanents. Or, on a déjà pu remarquer que les comptes simples de moyens d'action constituent l'inventaire permanent le plus sûr et le plus simple.

De quoi s'agit-il, en définitive, pour la comptabilité, quand on met des objets en service? Il s'agit de faire changer de classe, c'est-à-dire de faire changer de comptes collectifs dans la comptabilité rationnelle, des moyens d'action qui ne changent d'ailleurs ni d'état ni de valeur et conservent, malgré leur affectation nouvelle, l'individualité déjà définie par la nomenclature et par les comptes simples de magasin.

Cela est si vrai que, dans les administrations de l'État,

où, afin de répondre aux nécessités de la forme actuelle des écritures, la pièce justificative établie pour mettre des objets en service l'est en deux expéditions, dont l'une est conservée par le magasin pour recevoir la destination fixée et dont l'autre est remise au service qui reçoit ces objets et qui aura également à lui faire suivre sa destination, les indications sont les mêmes sur les deux expéditions sous le rapport des numéros de nomenclature, de la dénomination des articles, de l'espèce de l'unité, enfin du prix ; il en est de même dans les chemins de fer et autres grandes entreprises privées où l'on établit également en double la pièce en vertu de laquelle un ou plusieurs moyens d'action sont mis en service.

En raison de cette conformité, on pourrait se contenter partout d'une seule expédition, si on le désirait, et nous estimons même que ce serait préférable, non seulement pour supprimer le travail qu'occasionne l'établissement du duplicata, mais aussi afin d'éviter la confusion que pourrait faire naître la présence de deux pièces arrivant sous l'œil de la direction suprême pour une même opération. Dans ce cas, la pièce devrait, bien entendu, être communiquée dans la même journée comptable par le détenteur des objets en magasin au détenteur des objets en service, dans le bordereau duquel elle devrait paraître et qui aurait à en donner un récépissé, aussi simple que possible, d'ailleurs, car il suffirait qu'il mentionnât le numéro et la valeur de chaque pièce.

D'après ce que nous avons dit plus haut, on voit aisément ce que chaque comptable d'origine aura à faire dans le cas qui nous occupe.

La pièce justificative, établie ou non en double comme aujourd'hui, en prenant dans le premier cas les précautions nécessaires pour éviter la confusion, et signée par qui de droit, conformément au règlement, ou conformément à l'usage dans les entreprises où il n'existe pas de règlement, est l'ordre de mise en mouvement qui a pour résultat incontestable, dans l'exemple que nous avons choisi, de charger le dépositaire de l'outillage en service de certains objets qui étaient à la charge du dépositaire des objets en magasin. La comptabilité devra donc indiquer, dans les comptes simples de ce dernier, un vide exactement compensé par une augmentation dans les comptes simples du premier.

C'est ce que la pièce justificative permettra aux deux détenteurs de faire facilement : l'un fera sortir de ses comptes simples d'objets en magasin les articles qu'il aura délivrés ; l'autre, qui aura reçu ces objets, les entrera dans ses comptes simples d'objets en service.

Leurs responsabilités respectives seront ainsi assurées, de même que l'exactitude de la situation, et, en même temps, la direction suprême se trouvera renseignée par l'influence que chaque opération exercera sur les comptes collectifs, liés entre eux par le compte d'ordre des mouvements de comptable à comptable, et dont elle aura connaissance par les bordereaux journaliers qui arriveront sous ses yeux, soit directement, dans l'hypothèse où nous nous sommes placé, soit indirectement si l'organisation comporte des directions subalternes. Elle verra ainsi si ses ordres ont été régulièrement exécutés.

Quiconque est au courant des écritures auxquelles les opérations de ce genre donnent lieu dans les administration de l'État, aussi bien que dans les affaires privées, reconnaîtra facilement combien le mode qui vient d'être indiqué est supérieur, tant au point de vue de sa simplicité qu'au point de vue des garanties qu'il offre.

La Cour des Comptes, de son côté, en contrôlant comme elle le fait actuellement, pour chaque ministère et à l'aide de la pièce justificative, la partie de l'opération qui concerne le matériel en approvisionnements dans les magasins, se trouvera contrôler du même coup, au point de vue de l'exécution des règlements d'allocation, la partie concernant le matériel en service, puisque la valeur du matériel sorti du magasin doit être égale à celle du matériel en service. Grâce à la comptabilité rationnelle qui lui montrera constamment cette égalité sous une forme condensée mais sûre et facilement vérifiable, elle possèdera donc, sans plus de peine pour elle et sans nouvelles charges pour l'administration, une base solide pour contrôler l'exécution des règlements d'entretien et de consommation. Et, remarquons-le, la Cour des Comptes pourra faire ce contrôle jour par jour, peu de temps après l'accomplissement des faits et non pas beaucoup plus tard; elle le fera, en outre, dans des conditions de sécurité absolue. Il n'est pas besoin de commentaire pour faire comprendre l'importance de ce résultat.

On voit par ce qui a été dit plus haut qu'en substituant des comptes simples, pour les différentes classes du matériel en service, aux inventaires dont la nécessité est reconnue par toutes les entreprises quel que soit le genre d'écritures qu'elles emploient, on connaîtra sûrement chaque jour, à tous les étages de la responsabilité, la situation réelle du matériel mis en service sons une dénomination quelconque, qu'il s'agisse des immeubles, de l'outillage, du mobilier, de l'armement des bâtiments de la flotte, de l'habillement des corps de troupes ou de leur armement et équipement, etc., avec cette circonstance que la responsabilité des détenteurs de ce matériel se trouvera engagée effectivement.

Il nous reste à parler de l'entretien et des remplacements, qui doivent paraître distinctement dans la comptabilité.

En ce qui concerne l'entretien, nous n'avons que peu de mots à en dire ici, parce que, comme il consiste soit dans des travaux de réparation, soit dans de la main-d'œuvre de nettoyage, etc., qui seront facturés, il rentre dans le chapitre qui va suivre.

Pour le moment, nous voulons seulement faire remarquer que la comptabilité doit indiquer le coût de l'entretien distinctement de la valeur d'entrée des objets en service, ainsi que de leur moins-value au moment où ils disparaissent de l'inventaire pour une cause quelconque, résultat que ne peut pas donner la comptabilité en partie double, où les comptes du matériel en service laissent à désirer aussi bien sous le rapport de la situation que sous le rapport du coût de l'entretien et des remplacements, comme nous allons le montrer tout à l'heure.

Si soigneusement qu'un objet en service ait été entretenu, il arrivera un moment où il ne pourra plus être réparé et devra être remplacé, ou bien, sans qu'il soit usé, on renoncera à l'employer pour lui en substituer un autre qu'on aura jugé d'un emploi plus avantageux, ou encore il cessera simplement d'être utile là où il se trouvait et sera remis en magasin. C'est de ces différents cas de condamnation ou de remise qu'il nous reste à nous occuper.

La règle de toutes les administrations de l'État est de conserver toujours la même valeur aux objets de matériel jusqu'au moment où, pour une cause quelconque, ils sont condamnés ou dépréciés par une décision régulière. Spécialement, quand un objet qui était en service est remis en magasin après avoir été réparé de manière à rendre les mêmes services qu'un objet neuf, sauf la durée, il y rentre au prix pour lequel il en était sorti.

Cette règle, très logique, n'a pas peu contribué, nous le reconnaissons volontiers, à nous faire découvrir que la loi générale de l'ordre dans les affaires était de suivre la situation individuelle des moyens d'action; elle est conforme aux principes de la comptabilité rationnelle, d'après lesquels chaque moyen d'action conserve intacte son individualité, dont le prix est l'un des éléments, jusqu'au moment où, par suite de sa sortie d'un compte, il disparaît en donnant naissance à un résultat économique ou devient un nouveau moyen d'action dont le prix peut être différent.

Donc, cette règle, appliquée à l'aide des comptes simples, commande, lorsqu'un objet cesse d'être en service, pour une cause quelconque, de le faire sortir du compte « Moyens d'action en service » sous le prix pour lequel il y était entré.

Cela dit, supposons un moyen d'action en service consistant dans une chaudière de la valeur de 20,000 francs et qui, condamnée à être démolie, se résolve en matériaux constituant ensemble de nouveaux moyens d'action valant 1,000 francs. (Nous négligeons de parler des opérations intermédiaires de remise, car, vu leur analogie avec les objets en instance de recette, dont nous avons parlé précédemment, on comprend sans le dire qu'elles donneraient naissance à une classe de moyens d'action dans laquelle ceux-ci auraient pour individualité l'opération de remise elle-même, évaluée en argent.)

Il est clair que, dans ces conditions, le service qui possédait la chaudière comme objet en service, et qui ne pourra plus la représenter, éprouvera une diminution égale à la valeur totale, soit 20,000 francs ; mais, à côté de cela, le service qui recevra les produits de la démolition, et qui prendra charge de 1,000 francs de moyens d'action, atténuera d'autant cette perte ; de sorte que la perte réelle, — le dépérissement, pour lui conserver le nom qui lui est donné dans les administrations de l'État, — sera de 19,000 francs.

Le détenteur des objets en service, avisé, par le renvoi du billet de remise, du résultat de l'opération, devra, en même temps que d'un côté il fera sortir de ses comptes simples la chaudière pour 20,000 francs, faire entrer 19,000 francs au compte des Résultats économiques, sous le titre Dépérissement, et, d'autre part, faire entrer 1,000 francs au compte des mouvements de comptable à comptable, somme qui, avec les 19,000 francs portés en résultats économiques, formera bien les 20,000 francs dont la situation des objets en service sera déchargée.

Il est à peine besoin de dire que le comptable d'origine qui aura reçu les 1,000 francs de moyens d'action créés par la démolition de la chaudière aura sur son bordereau journalier, comme contre-partie de l'écriture qu'il en passera, un mouvement de comptable à comptable.

L'opération se trouvera donc fidèlement décrite telle qu'elle s'est effectuée, et pourra ainsi passer utilement sous les yeux de la direction suprême en suivant la filière hiérarchique et en permettant à chacun d'exercer sur l'opération le contrôle qui lui appartient.

Il est facile de comprendre que l'on procèdera de même pour tous les objets en service condamnés, sous le bénéfice toutefois de cette double observation que si un objet se trouvait ne donner aucun produit au moment de sa démolition, le comptable des objets en service aurait seul à décrire l'opération et qu'il porterait à la charge du compte « Résultats économiques » la valeur totale de l'objet; et que s'il s'agissait d'une remise en magasin, la diminution de 20,000 francs dans le compte « matériel en service » se trouverait balancée entièrement par le mouvement de comptable à comptable.

Il serait sans doute superflu de dire que l'on pourra avoir deux comptes de dépérissement, l'un pour la moins-value provenant d'usure, l'autre pour celle provenant d'autres causes, et par exemple du remplacement d'un objet qui n'est pas encore usé, mais que l'on remplace parce qu'on croit avoir intérêt à changer le système ou le modèle.

Nous n'avons pas non plus à faire remarquer que l'entrée de l'objet qui sera mis en service pour remplacer l'objet condamné s'inscrira comme toute autre entrée; c'est pour la sortie de l'objet condamné qu'il y aura eu à faire des inscriptions spéciales destinées à en régler le dépérissement ou moins-value, ainsi que nous l'avons vu.

La question des objets en service nous fournit l'occasion de faire remarquer que l'emploi des comptes simples présente encore un avantage que nous n'avions pas eu l'occasion de signaler, c'est qu'ils constituent aux moyens d'action un véritable état civil et qu'en faisant connaître leur date d'acquisition et par conséquent leur durée, ils permettent, si l'on y rattache les frais d'entretien de chaque objet, aussi bien que sa moins-value au moment de la remise, d'apprécier très exactement les services que cet objet a rendus comparativement à ce qu'il a coûté, de savoir si son entretien n'a pas, par hasard, été plus onéreux que ne l'aurait été son remplacement, enfin, de juger si sa condamnation est bien justifiée. Ce n'est pas, croyons-nous, un mince avantage que de pouvoir se rendre compte de ce qu'un moyen d'action coûte, tout compris, durant son existence; cela permettra, notamment, de juger si le système des adjudications est bien toujours le plus économique et si le chiffre moins élevé du prix d'acquisition d'un moyen d'action n'est pas plus que compensé, dans certains cas, par une moindre durée et des frais d'entretien plus grands. Ajoutons qu'avec la comptabilité rationnelle, les opérations arriveront assez tôt à la connaissance de la direction pour que l'action qu'elle pourrait avoir à exercer à propos d'opérations faites puisse encore s'exercer utilement. Enfin, faisons remarquer que, la comptabilité tout entière pouvant passer sous les yeux de la Cour des Comptes, cela lui donnera le moyen de contrôler l'exécution, dans la forme, des règlements d'entretien et de consommation.

Si, du domaine des administrations de l'État, — nous passons dans celui des affaires privées, nous voyons que là également, bien que l'on y considère, à tort, le matériel en service comme étant une partie immobilisée du capital, on est fatalement conduit à constater le dépérissement, soit au moment même où un objet en service disparaît et où on le remplace en portant la dépense aux frais généraux, soit à la fin de l'exercice au moment de l'inventaire, en portant encore aux Frais généraux ou aux Profits et pertes, ce qui revient au même, la différence existant entre cet inventaire et le précédent, le compte ou les comptes de matériel en service représentant nécessairement le montant de l'inventaire clôturant l'exercice. Tout cela, au surplus, se fait aussi mal que possible au point de vue de la tenue de la situation, et l'on ne saurait s'en étonner, du moment que la comptabilité en partie double ne s'attache pas à suivre la situation des objets eux-mêmes, pas même des marchandises, mais seulement à tenir compte en argent du résultat des transactions. Mais, en définitive, il n'en est pas moins vrai qu'elle constate les dépérissements de ce matériel, par suite de la nécessité où elle est d'en dresser l'inventaire chaque année.

Dans les grandes administrations, telles que celles des chemins de fer, par exemple, où le matériel en service a une grande valeur et où on le traite avec une connaissance plus exacte des nécessités, on procède comme dans les services de l'État; chaque objet figure dans l'inventaire avec une valeur qu'il conserve jusqu'à sa condamnation, et l'on tient compte à ce moment, au titre de l'entretien, de la moins-value laissée par les produits qu'on en retire après cette condamnation.

Avant de pousser plus loin, il convient peut-être de résumer ce que nous avons vu de nouveau dans le deuxième et le troisième exemples.

En outre des comptes dont le premier exemple nous avait fourni l'occasion de faire voir le jeu, nous avons vu à l'œuvre les comptes collectifs par lesquels se résument les opératiens décrites dans les comptes simples de moyens d'action suivants :

Caisse :

Débiteurs divers;

Tous les comptes collectifs du matériel en service, relatifs aux Immeubles, à l'Outillage, au Mobilier, à l'armement des bâtiments de la flotte, etc., etc.;

Remise (au magasin ou aux ateliers) d'objets en service;

Plus, les comptes ci-après, concernant les résultats économiques :

Profits et pertes;

Rabais et escomptes (dans le cas où on ne veut pas englober ces rabais dans le compte de différences entre le prix coûtant et le prix arbitraire) ;

Dépérissement par usure ;

Dépérissement par d'autres causes (si l'on trouve, comme nous, qu'il y a intérêt à le distinguer du dépérissement par usure).

A mesure que, par des exemples d'application, nous avons pu justifier ce que nous avions dit, que les pièces justificatives devaient se lire comme des ordres de faire agir individuellement les ressources et les charges dans les classes ou divisions où on les range naturellement, dès maintenant, pour répondre à des besoins évidents, c'est-à-dire comme les ordres ayant pour effet de mettre en mouvement les moyens d'action de l'entreprise soit pour les consommer, soit pour les échanger contre d'autres de valeur égale ou différente, il nous semble que le lecteur a dû voir la lumière se faire dans son esprit sur la nécessité d'avoir une comptabilité rationnelle et sur les moyens bien simples d'y parvenir, moyens qui, découlant tous d'un même principe puisé dans la force même des choses, font disparaître les procédés de comptabilité empiriques et incohérents à l'aide desquels on a jusqu'ici essayé vainement d'atteindre les mêmes résultats, quand on l'a essayé, savoir : donner d'une facon simple et claire le compte général de la situation d'une entreprise, marquant son état de prospérité, et permettre de connaître les résultats économiques de sa gestion, buts qui seront atteints d'une manière rigoureuse sans augmenter le poids des écritures actuelles et même en le diminuant.

Pour achever notre travail, il nous reste à montrer comment la classe des moyens d'action concernant le personnel de l'entreprise, qui jusqu'à ce jour est restée en dehors de la comptabilité et a fait l'objet d'écritures spéciales très diverses et de nombreuses dispositions de toutes sortes, rentrera tout naturellement dans la comptabilité, en permettant par là, comme on le verra plus loin, de mettre le service rendu en regard de la dépense, ou, pour mieux dire, de mettre en regard de la charge consentie la ressource créée et acquise en échange.

Ce parallèle si intéressant ne se fait pas aujourd'hui. Comme nous l'avons déjà dit, les justifications produites à la Cour des Comptes laissent beaucoup à désirer, et si nous n'entreprenons pas de le démontrer, c'est que la comptabilité rationnelle se chargera de la démonstration avec beaucoup plus d'autorité que nous; dans tous les cas, en dehors de la question de savoir si, dans les administrations de l'État, tous les règlements concernant le personnel sont littéralement respectés et si les charges supportées par le pays à ce sujet sont établies exactement et régulièrement acquittées, il est un point incontestable, c'est qu'il manque au moins la connaissance des ressources créées à l'entreprise en échange des charges qu'elle consent pour le personnel. Quand même on verrait que les allocations budgétaires pour un personnel quelconque au service de l'État n'ont point été dépassées, ce n'est pas cela qui indiquera si l'on a bien utilisé ce personnel; or malgré la charge excessive des écritures accessoires tenues pour donner un semblant de satisfaction sur ce dernier point, c'est seulement sur le premier que l'on s'est proposé d'être réellement fixé.

Il en est autrement, nous le reconnaissons, dans les affaires privées, où la solde du personnel est portée soit au compte des produits fabriqués, soit à celui des frais généraux de l'entreprise. Mais, là encore, on peut dire que les écritures sont mauvaises, puisque c'est seulement un certain temps après les faits accomplis et après que la charge a été reconnue, liquidée et même acquittée, c'est-à-dire en un mot après que les mesures concernant le personnel sont devenues en quelque sorte irrévocables, qu'il est possible aujourd'hui d'affecter aux travaux, par l'intermédiaire d'un compte salaire, la partie de la solde qui y a contribué, et aux frais généraux le surplus; encore, dans le compte des Frais généraux, cela est-il porté en bloc, et d'une façon qui ne permet pas de discerner si les ressources produites en échange de la charge consentie pour le personnel sont bien employées. Ceci s'éclaircira par l'exemple qui va suivre.

Toutefois, si la manière de procéder des affaires privées est critiquable au point de vue de la qualité des justifications, elle suffit, à la rigueur, à la marche d'une comptabilité. Si donc des réformes sont à désirer, elles ne sont pas indispensables et peuvent être différées jusqu'au moment où l'on aura reconnu que la comptabilité rationnelle permet de faire mieux et qu'elle donnera même, par là, le moyen de résoudre sûrement un des plus grands problèmes de notre époque : celui des rapports équitables du capital et du travail.

4e Exemple.

Travaux exécutés par une entreprise.

Tout ouvrage en cours d'exécution dans une entreprise est un moyen d'action comme les autres, présentant cependant cette particularité qu'il se forme progressivement par la fusion de deux classes de moyens d'action, la matière et la main-d'œuvre, qui s'absorbent en lui : la matière se transformant sous l'action de la main-d'œuvre, qui elle-même disparaît entièrement.

Les pièces justificatives élémentaires, lues comme des ordres de mise en mouvement, vont, là encore, indiquer comment devront entrer et sortir les moyens d'action et montrer qu'un ouvrage en cours d'exécution est, à tous les instants, la représentation en valeur des moyens d'action qui ont concouru à le former.

En outre des deux éléments, matière et main-d'œuvre, que nous venons d'indiquer comme constitutifs des moyens d'action Travaux en cours, il en existe un troisième, lequel intervient au moment où l'ouvrage est terminé et où il s'agit de solder le compte simple qui fait connaître sa situation depuis le moment de sa création; ce troisième élément, c'est la part de frais généraux qui incombe à l'ouvrage. Nous nous expliquerons à son égard, quand nous aurons montré ce qu'il convient de faire à l'égard des deux premiers, et l'on reconnaîtra alors que tout travail exécuté par une entreprise représente bien la partie du capital déplacée pour lui donner naissance.

Pour pouvoir affecter à un ouvrage toutes les allocations en matières et en main-d'œuvre qui s'y rapportent, afin d'arriver précisément à connaître d'une manière exacte cette partie du capital, c'est-à-dire le prix de revient de l'ouvrage, il est indispensable d'ouvrir un compte simple à ce moyen d'action avant qu'il n'ait atteint son état et sa valeur définitifs, et même quand il n'a pas encore d'existence et qu'on est seulement en présence d'un ordre disant de le créer. L'individualité d'un compte de travail sera suffisamment déterminée sans erreur possible (c'est d'ailleurs ce qui se fait aujourd'hui) par le numéro d'enregistrement de l'ordre par lequel l'ouvrage aura été commandé.

Même si un ouvrage exige le concours de plusieurs ateliers, on trouvera le compte complet de cet ouvrage dans les mains du chef de l'atelier principal, à qui les autres ateliers rendront compte de leur participation ; c'est là la règle suivie aujourd'hui dans les administrations de l'État, et comme nous la trouvons bonne, nous l'adoptons.

Faisons remarquer à cette occasion que le comptable d'origine des comptes de travaux est le chef d'atelier, qui n'aura à justifier des ressources qu'on lui confie que sous la forme où on les lui a remises.

Cette remarque n'est pas inutile, car, dans l'ignorance où l'on a été jusqu'ici du caractère que les écritures doivent présenter pour mériter le nom de comptabilité, on a été conduit à des hérésies, parmi lesquelles on peut citer l'obligation imposée au chef d'atelier de disposer son compte de travail sous une forme telle que l'homme technique y trouve, d'un coup d'œil, les renseignements qu'il peut désirer au point de vue qui l'occupe. Ces renseignements techniques doivent être d'accord, sans doute, avec la comptabilité, mais ils en sont d'ailleurs absolument distincts car ils n'ajoutent rien à la sécurité que celle-ci doit donner sur la situation du capital ou, pour mieux dire, sur celle des moyens d'action puisque le capital n'est que le nom donné à l'ensemble des moyens d'action au moment où ils sont immobiles.

Or, cette erreur consistant à vouloir demander à la comptabilité les renseignements dont l'homme technique a besoin pour connaître la composition du prix de revient et pour apprécier si le travail s'est exécuté dans les meilleures conditions économiques, a eu cette conséquence grave qu'elle a rendu impossible jusqu'ici de trouver, pour les comptes de travaux, une forme susceptible d'une application universelle. Il est évident, en effet, que si l'on a la prétention de tracer dans ces comptes des colonnes pour recevoir les différentes matières et les différents genres de main-d'œuvre, la diversité des entreprises et des travaux obligera à multiplier ces divisions à l'infini et l'on se butera à une impossibilité pratique, pour avoir pris un objectif qui, en réalité, n'intéressait pas la comptabilité. Nous montrerons plus loin comment, sans tomber dans cet écueil, et tout en s'appuyant sur la comptabilité, on arrivera à connaître la composition du prix de revient.

Revenons aux deux éléments primordiaux des comptes de travaux et occupons-nous d'abord de la matière.

Un bon doit être remis au magasin par le chef d'atelier pour demander les matières qui lui sont nécessaires. Aujourd'hui ce bon est à souche et le talon reproduit toutes les énonciations du volant ; c'est là tout au moins un travail inutile et le bon pourra être établi en simple expédition, car il n'y a nul inconvénient, à notre avis, avec la comptabilité rationnelle, à ce qu'il soit rendu par le comptable du magasin, contre un reçu, après qu'il l'aura enregistré et qu'il aura satisfait à la demande.

Ce bon est l'ordre de mise en mouvement en vertu duquel le magasin fera sortir de ses comptes simples les moyens d'action désignés, en indiquant le numéro de l'ouvrage auquel ils sont destinés ; d'un autre côté, il sera lu par le chef d'atelier comme l'ordre de prendre charge de la valeur de ces mêmes moyens d'action et il la fera entrer dans le compte de l'ouvrage auquel elle s'applique, en indiquant qu'elle provient du magasin et en rappelant le numéro sous lequel sa sortie y a été inscrite.

Quand il s'agira de rendre compte de l'opération, sur les bordereaux, à la fin de la journée comptable, le magasin enregistrera ses bons en sortie, dans le compte collectif « Marchandises en magasin », en mettant comme contre-partie un mouvement de comptable à comptable; de son côté, le chef d'atelier inscrira les mêmes bons, en entrée, dans la classe des moyens d'action « Travaux en cours », également avec un mouvement de comptable à comptable comme contre-partie, et il joindra les bons à son bordereau.

Voilà donc la référence établie entre les comptes simples de telle sorte qu'on puisse vérifier les opérations toutes les fois que ce sera nécessaire; la facilité du contrôle est complète et ne saurait aller au delà.

Les écritures des deux comptables d'origine, pour une même opération, étant ainsi liées ensemble par la valeur et aussi par le mouvement de comptable à comptable sur le bordereau, on comprend que la vérification de conformité se fera tout naturellement. Elle sera faite immédiatement par la direction suprême, dans l'hypothèse où nous nous sommes placé d'une relation directe de cette direction avec les divers comptables d'origine; s'il existe des directions intermédiaires, comme les bordereaux et les pièces justificatives devront leur être transmis, cette vérification sera faite par celle devant laquelle les deux bordereaux indiquant les mouvements de comptable à comptable des deux comptables d'origine ayant pris part à une même opération, se trouveront réunis; ladite vérification se fera automatiquement puisque les deux mouvements devront exactement se balancer.

Nous venons de nous expliquer au sujet de la manière de saisir et d'engager dans les comptes de travaux la valeur de la matière, avec les garanties qui résultent des références permanentes qui permettent de se reporter aux moyens d'action élémentaires ayant servi à former ces comptes.

Le chef d'atelier, en dehors de sa responsabilité à ce point de vue comme comptable, en a une autre comme homme technique, notamment sous le rapport de l'exécution économique du travail ; il sera à même de fournir tous les renseignements techniques qui seraient exigés de lui, au moyen du bon original qui revient entre ses mains, et le fait que ce bon est établi en simple expédition ne présentera aucun danger pour les responsabilités en cause, puisque le chef d'atelier devra rapporter le bon en question à l'appui du bordereau dans la même journée comptable ; cela permettrait, en effet, en cas de perte du bon, de le reconstituer sans erreur ni constestation possible en recourant à son enregistrement et au besoin à la matière elle-même, qui n'aurait pas eu le temps de se transformer au point qu'il fût devenu impossible de la reconnaître.

Ainsi, avec le bon original, le chef d'atelier aura, en ce qui concerne la matière, tous les renseignements voulus pour dresser l'état de la décomposition des prix de revient dans la forme qu'on lui aura prescrite, et par exemple conformément au type de la feuille d'ouvrage du département de la Marine, sous la réserve cependant des changements que les différences de point de vue et de manière de procéder obligeraient à y apporter. Ceci se complètera tout à l'heure par ce qui sera dit sur la manière de constater la main-d'œuvre et de répartir le troisième élément qui fermera le compte.

Occupons-nous maintenant de la constatation de la main-d'œuvre. On va voir que celle-ci entrera dans les comptes de travaux d'une manière aussi sûre que la matière, puisqu'elle aura pour contre-partie les comptes simples des ouvriers.

La main-d'œuvre louée pour un ouvrage a ceci de particulier, par sa nature, que, quelle que soit sa qualité, elle ne prend de valeur que si elle a le temps pour facteur (cela suffirait à expliquer pourquoi les moyens d'action « Personnel » ne sont pas compris dans ceux qui forment le capital, bien qu'ils exercent en réalité sur celui-ci la plus grande influence). Par conséquent, après que le taux du salaire de chaque ouvrier a été convenu, il faut constater le temps qu'il travaille à un ouvrage pour connaître la charge contractée envers lui par l'entreprise et la valeur égale du moyen d'action qu'il a créé en échange. Ceci est évident; aussi tout le monde est-il d'accord sur la nécessité de constater la main-d'œuvre exactement; mais les divergences commencent lorsqu'il s'agit de savoir comment on s'y prendra pour y parvenir.

En principe, le travail n'étant autre chose qu'une marchandise, elle devrait être facturée à l'entreprise par celui qui la lui livre, c'est-à-dire par l'ouvrier, conformément à ce principe que chacun doit décrire ses actes et en assumer la responsabilité, comme garantie pour lui-même et pour l'autre partie contractante. Mais, vu l'état où se trouve encore l'instruction, on sent les difficultés qu'il y aurait pratiquement à faire facturer par l'ouvrier lui-même le temps qu'il a passé à un ouvrage. Pour les éviter, la main-d'œuvre peut être constatée, avec autant de sécurité, par un tiers recevant les déclarations des ouvriers; mais c'est à la condition que ce tiers ne pourra jamais avoir personnellement intérêt à fausser les déclarations reçues par lui. Ce ne pourra donc pas être le chef d'atelier, car sans altérer le chiffre total de la main-d'œuvre, pour lequel il est lié par les appels faits aujourd'hui pour constater la présence des ouvriers, il pourrait du moins la distribuer inexactement entre les divers ouvrages, pour des raisons qu'il est facile d'imaginer.

C'est ce qu'on a compris dans un certain nombre d'entreprises pour lesquelles il était important d'avoir des comptes d'ouvrages très exacts ; là, contrairement à ce qui a lieu encore dans la plupart des ateliers, où la constatation du temps est faite par la direction de l'atelier elle-même, ce soin a été confié à des agents spéciaux, nommés pointeurs. D'un autre côté, dans les administrations de l'État, on a institué des conseils d'administration uniquement chargés de ce qui concerne les salaires, et ces conseils constatent que les ouvriers sont employés chaque jour dans un atelier ; seulement, leur constatation est très incomplète puisqu'ils se bornent à reconnaître l'entrée des ouvriers sans se préoccuper ensuite de l'emploi de leur temps.

En combinant ces mesures déjà appliquées et en les complétant l'une par l'autre, il est facile de satisfaire à toutes les nécessités et de faire disparaître les inconvénients observés ; il suffit pour cela de faire constater la main-d'œuvre par un pointeur qui sera, non pas l'homme du chef d'atelier, mais le délégué de l'administration, de laquelle c'est le rôle, en effet, de déterminer la valeur des moyens d'action qu'elle met à la disposition de cet homme technique, aussi bien quand il s'agit de main-d'œuvre que lorsqu'il s'agit de matière.

D'après les déclarations des ouvriers, qui ont reçu chacun du chef d'atelier une fiche indiquant son numéro matricule et le numéro de l'ouvrage auquel il doit travailler, le pointeur dressera chaque jour un bulletin de main-d'œuvre, qu'il remettra au chef d'atelier pour lui permettre de faire sortir au compte de chaque ouvrier le temps et la valeur de son travail de la journée, et de faire entrer aux comptes simples des travaux en cours la valeur de toute la main-d'œuvre qui s'y rapporte, dans cette même journée; de sorte que les comptes de travaux seront contrôlés par les comptes personnels des hommes employés aux travaux, et réciproquement.

Le pointeur préparera d'avance son bulletin de main-d'œuvre en y inscrivant le numéro matricule des ouvriers dont il a à s'occuper et le taux du salaire de chacun d'eux; puis il se présentera devant ceux-ci successivement et, d'après leurs déclarations, portera dans les colonnes réservées chacune à l'un des ouvrages en cours, la décomposition de leur temps de travail. Rentré à son bureau, il fera le décompte de la main-d'œuvre appliquée à chaque ouvrage par chaque ouvrier, d'après le taux du salaire de celui-ci, puis il arrêtera son bulletin en toutes lettres et le signera *ne varietur;* les corrections, s'il y en a, trouveront place, avec les explications voulues, dans le bulletin de main-d'œuvre suivant. Le pointeur aura ainsi constitué la facture collective du groupe d'ouvriers de son ressort, qui sera la pièce justificative en vertu de laquelle le chef d'atelier aura, comme nous le disons plus haut, à faire entrer la valeur de la main-d'œuvre dans les comptes de travaux et à faire sortir le temps et sa valeur des comptes simples des salaires des ouvriers, en indiquant, pour chaque crédit porté dans ces derniers comptes, le numéro de l'ouvrage qui a reçu le débit correspondant.

On reconnaîtra facilement que cette manière de procéder ne donnera pas plus de travail que l'ensemble de ce qu'on fait aujourd'hui en vue du même but mais sans l'atteindre aussi bien. Il serait bien difficile de faire aller le bulletin de main-d'œuvre jusqu'à l'heure de la fermeture de l'atelier; mais, aussi bien, cela n'est pas nécessaire et l'on peut faire finir la journée comptable à une heure arbitraire convenable, cette journée comptable se composant alors, par exemple, du commencement de la journée réelle du jour et de la fin de la journée de la veille. La fixation de la journée comptable se retrouve déjà dans beaucoup d'entreprises, celles de chemins de fer, notamment, où les mouvements se poursuivent jour et nuit, et où, par conséquent, la nécessité de cette mesure s'imposait d'une façon évidente. En adoptant la même mesure dans toutes les entreprises, il sera possible d'obtenir ce résultat, très important pour la comptabilité rationnelle, de faire paraître dans la même journée comptable les opérations qui doivent se balancer l'une par l'autre.

Quand il s'agira de rendre compte de ses opérations, le chef d'atelier inscrira sur son bordereau journalier les bulletins de main-d'œuvre comme il inscrit déjà les bons de matières, sauf qu'il portera en sortie, comme contre-partie, le compte collectif « Salaires, » au lieu du compte collectif « Magasin. »

Avec la manière d'opérer qui a été exposée dans ce qui précède, toute la partie de la main-d'œuvre qui est directement applicable aux ouvrages en cours se trouvera constatée dans des conditions offrant toute garantie, puisque la constatation sera faite d'après les déclarations mêmes des ouvriers et sur le vu de fiches prouvant que ceux-ci étaient bien occupés à un travail régulièrement commandé, et puisqu'elle sera faite par une personne indépendante du chef d'atelier et sera contrôlée par celui-ci dans des conditions d'indépendance toutes nouvelles sous le rapport de sa capacité technique, dues : 1° à l'intervention du pointeur rendue apparente; 2° à la présence des comptes simples, qui forment le caractère fondamental de la comptabilité véritable.

Ces deux points règleront d'un manière authentique et certaine tout ce qui intéresse l'exactitude des comptes de travail, en même temps qu'ils rendront à l'exercice de la capacité technique du chef d'atelier son élasticité et son maximum de puissance, sous la série des contrôles hiérarchiques techniques, affranchis à leur tour, au même titre et par les mêmes causes, des responsabilités d'un autre ordre qui paralysent encore aujourd'hui l'exercice de cette capacité, et l'on ne verra plus se produire des divergences semblables à celle que l'on a constatée, il y a peu de temps au cours d'une discussion parlementaire, dans laquelle, au sujet de la construction de l'un de nos grands vaisseaux de guerre, le *Richelieu*, deux orateurs, également autorisés, puisque l'un parlait au nom du Ministre de la Marine, et que l'autre était un député possédant une compétence spéciale en la matière, ont apporté à la tribune, comme prix de revient de ce navire, des chiffres qui différaient de la façon la plus considérable.

Au surplus, notre intention n'est pas de présenter ce mode de constatation de la main-d'œuvre comme étant le seul convenable; l'expérience en fera peut-être trouver un qui soit encore plus simple, tout en respectant les principes que nous avons eu surtout en vue de rappeler. Toutefois, on peut remarquer que nous nous sommes inspiré de ce qui se fait dans les entreprises qui ont étudié avec le plus de soin les moyens d'avoir des prix de revient exacts, et que nous ne nous en sommes écarté que pour remédier à ce qui nous a paru défectueux, sans que d'ailleurs il résulte de ces différences aucune augmentation de travail.

Le chef d'atelier, une fois en possession des bulletins de main-d'œuvre, comme il est déjà en possession des bons de matières, aura ainsi le moyen de dresser, dans la forme qui lui sera ordonnée, l'état présentant la décomposition du prix de revient de chaque ouvrage en ce qui concerne les deux éléments directement applicables aux travaux, et cela au fur et à mesure de l'emploi.

Nous n'avons sans doute pas besoin de faire remarquer qu'en débarrassant ainsi les comptes de travaux du tableau de la décomposition du prix de revient, qui, en réalité, ne sert qu'à éclairer sur la capacité technique et n'intéresse pas la comptabilité, on ramène ces comptes de travaux à être ce qu'ils doivent être en réalité, des comptes de moyens d'action comme tous les autres comptes en argent pour lesquels les détenteurs n'ont pas à représenter les objets mêmes, mais seulement leur valeur, en se référant d'ailleurs aux moyens d'action élémentaires qui l'ont fournie; tels sont par exemple les comptes des débiteurs et des créanciers, les comptes de remise, les comptes d'objets en cours de transport, de litiges, etc.

En dehors de la valeur de la matière et de la main-d'œuvre qui est directement applicable à chaque ouvrage, et dont il a été question plus haut, il y a, dans toute entreprise, des frais qui doivent aussi grever les travaux mais qui ne peuvent être directement appliqués à aucun d'eux.

Dans une entreprise qui aurait pour unique objet l'exécution de travaux, ces frais comprendraient la totalité de ce que, dans la comptabilité en partie double, on appelle Frais généraux. Ce n'est pas d'ailleurs le cas le plus ordinaire, et spécialement il n'en est pas ainsi dans les administrations de l'État, parce que les travaux n'y représentent qu'une partie des opérations. Quoiqu'il en soit, les frais qui doivent être répartis entre les divers travaux faits par une entreprise sont mal désignés par le nom de frais généraux, qui implique l'idée d'un résultat économique; nous les appellerons « Frais à répartir, » en raison de la manière dont ils doivent être traités par la comptabilité, ou, pour mieux dire, en raison de leur nature même; en réalité, ce sont des ressources en personnel, matière, etc., que l'on met de côté pour que, le moment venu, elles se fondent dans les travaux produits en en augmentant la valeur dans la mesure de leur propre valeur.

On voit tout de suite, par cette considération, que le compte des frais à répartir rentre dans la catégorie des comptes de travaux, puisqu'il doit recevoir des éléments de toutes sortes.

Il présente toutefois cette particularité que le moment de le solder n'est pas naturellement indiqué, comme c'est le cas pour les comptes d'ouvrages proprement dits, qui se soldent au moment où ces ouvrages s'achèvent.

Or, si l'on pouvait sans inconvénient attendre la fin de l'exercice pour faire la répartition de ces frais qui doivent grever l'ensemble des travaux, ce serait assurément le moyen de la faire très exacte, puisqu'on connaîtrait alors ces frais d'une manière précise. Mais il est clair que l'on ne peut pas attendre ce moment pour avoir le prix de revient, un ouvrage devant être facturé au moment où on le livre, et ne pouvant pas l'être sans qu'on sache aussi complètement que possible ce qu'il a coûté. Il faut donc avoir un moyen d'attribuer à chaque ouvrage, au moment où l'on a besoin d'en solder le compte, la part des frais d'ensemble qu'il doit supporter. Plusieurs moyens différents ont été imaginés dans ce but; celui qui nous semble le meilleur et qui est adopté par des entreprises importantes, se trouvant dans les mêmes conditions que les administrations de l'État, consiste à calculer, d'après les frais de même espèce des exercices précédents, un coefficient par lequel on multiplie la valeur de main-d'œuvre employée directement à chaque travail, de telle sorte qu'à la fin de l'exercice les majorations ainsi calculées pour tous les ouvrages exécutés dans le cours de cet exercice représentent, ou à peu de chose près, le total du compte des frais à répartir.

S'il reste une petite différence en plus ou en moins, selon que le coefficient a été fixé trop fort ou trop faible, elle passe, en fin d'exercice, dans une des catégories du compte général des résultats économiques et solde ainsi le compte des frais à répartir. Cette différence, ainsi mise en évidence, indiquera dans quel sens et dans quelle mesure le coefficient doit être rectifié pour l'exercice suivant.

Faisons observer ici qu'en disant que le coefficient doit être proportionnel à la main-d'œuvre plutôt qu'à la matière ou à toutes les deux, nous ne faisons que suivre les entreprises qui ont pratiqué ce moyen, lesquelles ont rereconnu que la main-d'œuvre était la meilleure base de calcul; mais, au surplus, la décision sur ce point sera du domaine de l'administration.

Étant admise la base ci-dessus, il semblerait que les comptes de travaux devraient présenter la main-d'œuvre dans une colonne distincte; mais nous ne le croyons pas utile et nous ne pensons pas qu'il soit nécessaire de modifier pour ces comptes la forme de l'imprimé qui sert pour les autres, attendu que presque toujours un compte de travail sera appuyé de l'état de décomposition de son prix de revient, où l'on trouvera la main-d'œuvre indiquée séparément, et quand par hasard cet état de développement manquera, il ne sera pas bien difficile de la relever dans le compte lui-même.

De même que ce sera à l'administration de choisir la base de répartition, ce sera à elle, également, de donner la nomenclature des frais qui devront être répartis; cela dépendra évidemment de la nature et de l'organisation de l'entreprise et nous ne pouvons donc songer à donner nous-même aucune nomenclature précise. Toutefois, à titre d'exemple et pour fixer les idées, nous citerons les catégories suivantes qui, dans les administrations publiques, font partie des « frais accessoires de fabrication, » c'est-à-dire des frais à répartir : salaires des ouvriers malades; surveillance des travaux; mouvements des matières dans l'intérieur des chantiers et ateliers et propreté des ateliers; fonctionnement des machines employées comme forces motrices dans les chantiers et ateliers; visites, recettes et épreuves des ouvrages exécutés dans les chantiers et ateliers, etc., etc. On pourrait peut-être ajouter à ces catégories de frais la partie des frais de magasin qui se rapporte aux matières livrées pour les travaux; bien entendu, cela ne serait plus à faire dans le cas où le magasin livrerait les matières à un prix comprenant déjà ces frais.

Dans le premier cas, c'est-à-dire lorsque le magasin ne se chargera pas lui-même d'appliquer à chaque moyen d'action matière la part de frais à laquelle il a donné lieu, et laissera au service des travaux le soin d'en grever ces derniers par l'intermédiaire du compte de frais à répartir, nous n'avons pas besoin de dire que le magasin indiquera à ce service, par des factures remises périodiquement, les frais qui devront entrer dans ce compte et qui y prendront place dans un chapitre spécial.

Il est intéressant de faire remarquer que, puisque les frais qui doivent être répartis aux travaux ne sont évidemment que ceux qui concernent exclusivement les travaux, la personne placée à la tête de chaque direction de travaux, — ce qui suppose une organisation administrative différente de l'hypothèse où nous nous sommes placé que les détenteurs (comptables d'origine) sont en relation directe avec la direction suprême — sera en mesure de déterminer, d'accord avec la direction supérieure, les différentes catégories de ces frais, ainsi que de fixer le coefficient de répartition, qui peut varier d'une direction à une autre et même d'un atelier à un autre si l'administration le reconnaît convenable.

Ajoutons que si l'administration désire connaître en détail la décomposition des frais à répartir, les ateliers devront tenir le compte séparé de chaque nature de frais, puis, pour en rendre compte, auront soit à diviser leur bordereau journalier de la même manière, soit à appuyer ce bordereau d'un état de développement. Ces indications détaillées n'auront pas besoin de dépasser la direction des travaux chargée de centraliser les bordereaux des divers ateliers, en y joignant le bordereau qu'elle devra elle-même établir pour rendre compte de ses propres opérations; là, toutes ces indications pourront être condensées en un seul compte collectif de frais à répartir.

Il n'est pas difficile de comprendre, d'après ce qui précède, que le chef d'un atelier, ayant reçu de sa direction, au commencement de l'exercice, le coefficient à l'aide duquel devra s'effectuer la répartition des frais communs aux différents travaux de son atelier, pourra calculer la part proportionnelle de ces frais revenant à chaque ouvrage et la faire entrer dans le compte particulier de celui-ci, en la faisant sortir, en même temps, du compte collectif des frais à répartir. Ces opérations, dont le chef d'atelier rendra compte, d'ailleurs, comme de toutes les autres, à la direction dont il relève, et cela à l'aide de son bordereau journalier, lui donneront le moyen de facturer dans des conditions pratiques d'exactitude, au compte de qui de droit, l'ouvrage terminé, et de solder par là le compte qui concerne cet ouvrage.

Nous croyons avoir expliqué assez clairement, à propos des éléments appliqués directement, pour n'avoir pas besoin d'y revenir au sujet des frais à répartir, comment les moyens d'action matière et main-d'œuvre sortent en quantité et en valeur des comptes simples qui les concernent, et en présentent la situation constante, pour de là entrer directement, en valeur seulement, c'est-à-dire en changeant d'individualité sans changer de valeur, dans un compte en argent, tel par exemple qu'un compte d'ouvrage.

Nous en aurions donc fini avec les comptes de travaux si, en dehors du temps fourni par le personnel ouvrier travaillant à la journée, les frais à répartir ne devaient pas comprendre le temps d'une autre classe de personnes, celles qui sont employées ordinairement à la conduite et à la surveillance des travaux d'un atelier ou qui dirigent plusieurs ateliers.

Les services de ces personnes, en effet, étant généralement constatés et rémunérés au mois, le mode que nous avons indiqué pourrait sembler offrir des difficultés; quelques explications complémentaires montreront cependant qu'il n'en est rien.

Mais comme c'est là la seule mesure nouvelle, commençons par faire observer que la Comptabilité rationnelle pourrait s'accomoder des errements actuels si l'on voulait y persévérer; c'est-à-dire qu'une entreprise qui aurait une direction de travaux, mais qui aurait alors une organisation administrative plus compliquée que celle que nous avons supposée et exigerait d'autres procédés de centralisation, pourrait se contenter des états de solde de son personnel pour tenir le compte des frais à répartir; ce serait alors à la fin de chaque mois seulement et au moment où le numéraire sortirait de la caisse, que l'on porterait dans ledit compte la valeur de ces états, comme cela se fait déjà avec la Comptabilité dite en partie double.

Mais cette manière de procéder, qui serait sans inconvénients si les personnes dont il s'agit se trouvaient toujours dans la position de présence effective sur les travaux, et étaient invariablement occupées à la conduite de ces travaux, est au contraire pleine d'inconvénients, parce qu'il n'en est pas ainsi en réalité, et l'on se trouve n'avoir pas du tout la justification exacte de l'emploi des services de ce personnel.

Cependant, nous le répétons, on pourrait continuer à se contenter de semblables justifications si on le voulait, puisque la Comptabilité rationnelle enregistre les pièces justificatives telles qu'il plaît à l'administration de les faire établir; mais il est certain que l'on pourrait faire beaucoup mieux sans plus de peine.

Vu l'état d'instruction des personnes chargées des fonctions dont il s'agit, il serait possible de leur demander de fournir elles-mêmes la facture de leur temps, ce qui serait rentrer dans la rigueur du principe.

Il suffira pour cela, chaque fois que l'une d'elles devra changer de position ou d'occupations, de lui remettre une fiche indiquant celui des comptes de frais à répartir pour lequel elle va travailler, fiche qu'elle devra remettre à son chef hiérarchique après y avoir facturé son temps. En chargeant ainsi les agents payés au mois d'indiquer eux-mêmes les ressources qu'ils ont procurées à l'entreprise, en échange du crédit égal qui leur est accordé, on n'aura pas à craindre qu'ils ne comptent moins de temps qu'ils n'en auront réellement employé, puisque leur solde en dépendra ; d'un autre coté, on n'aura pas à redouter qu'ils en comptent plus ; en tout cas, comme ils ne pourront toujours pas compter, chaque mois, au delà de la valeur de la solde d'un mois, on aura au moins un résultat aussi bon qu'aujourd'hui ; en réalité, le résultat sera meilleur, car l'agent qui, sans parler des autres contrôles, sera obligé de rendre compte de l'emploi de son temps sous la responsabilité de sa signature, et d'en rendre compte à son chef direct, qui est parfaitement placé pour contrôler sa déclaration, et qui a intérêt à ne pas laisser grever injustement ses prix de revient et faire tort à son habileté technique, cet agent, disons-nous, dans ces conditions, n'oserait pas faire une déclaration inexacte, ou dans tous les cas sa déclaration pourrait être redressée. C'est donc d'une façon très exacte que l'on connaîtra les occupations du personnel supérieur de l'atelier.

A quel moment la facture devra-t-elle être présentée ? Dans les cas où l'agent ne se serait occupé que de la conduite des travaux, exclusivement, il pourrait ne la fournir qu'à la fin du mois, puisqu'il est payé au mois ; mais quand il sera délégué à d'autres travaux, que par exemple il aura à faire des recettes de matières pour l'approvisionnement du magasin, ou qu'il sera chargé d'expériences, ou d'une mission quelconque, ou enfin qu'il sera envoyé en congé, il serait difficile d'attendre la fin du mois pour lui en faire rendre compte, et l'on sera donc certainement amené à lui faire donner sa facture au moins chaque fois qu'il changera d'occupations. On arrivera même sans doute à la lui faire donner tous les jours, ce qui sera le plus simple et ce qui, en fait, ne lui causera pas plus de dérangement que les signatures de la feuille de présence, exigées dans beaucoup d'administrations, feuille de présence qui ne donne pas de résultats sérieux parce qu'elle ne permet pas la référence des comptes de moyens d'action entre eux.

Quoiqu'il en soit, chaque fois que le chef d'atelier ou le chef de la direction des travaux recevra une facture de l'un des membres de son personnel, il en portera la valeur au compte des frais à répartir. Bien entendu, si une partie du temps de cet agent a été employée pour un autre service que les travaux, par exemple à des recettes de matières pour approvisionner le magasin, le compte des frais à répartir aux travaux ne sera chargé que de la partie de la facture qui l'intéresse, et le magasin sera chargé du surplus par l'intermédiaire du compte ouvert à cet effet dans l'atelier.

S'il arrivait que des agents attachés à l'atelier se trouvassent spécialement affectés, pendant une période de temps quelconque, à un seul ouvrage, auquel on pût, par suite, rapporter toute la valeur de leur service pendant cette période, cette valeur serait portée directement au compte de l'ouvrage en question et non pas au compte des frais à répartir. La fiche remise à ces agents indiquerait alors, bien entendu, le numéro de l'ouvrage, au lieu de faire connaître celui de l'un des comptes de frais à répartir.

La ressource portée au compte des frais à répartir, ou éventuellement à un compte particulier d'ouvrage, aura comme contre-partie, ainsi que nous l'avons dit, une charge sous forme de crédit inscrit au compte personnel de l'agent de qui elle provient.

On voit par ce qui précède que toutes les charges consenties par une entreprise quelconque pour la rénumération de la main-d'œuvre (salaires ou soldes) seront uniformément constatées au moyen de factures personnelles ou collectives, venant se ranger chaque jour dans des comptes simples ouverts à tous les membres du personnel et ayant comme contre-partie des comptes indiquant l'emploi des ressources fournies en échange à l'entreprise, que ce soient des comptes particuliers d'ouvrages ou des comptes de frais à répartir.

Nous voudrions faire remarquer que le mode de constatation du temps indiqué ci-dessus pour les frais à répartir, s'appliquerait également bien et sans aucune difficulté aux frais qui ne doivent pas être répartis, c'est-à-dire à ceux qui composent le compte Frais généraux de la comptabilité en partie double, et il donnerait la facilité de diviser ces frais en autant de catégories qu'on le voudrait, pour les réunir ensuite, à l'étage administratif où l'on n'a plus besoin que de les connaître en bloc pour pouvoir apprécier facilement cette partie du compte général des résultats économiques.

Ce mode de constatation de tous les genres de main-d'œuvre amènera la suppression des casernets et de tous les livres contrôles, entraînant un cortège d'états de mutation, que l'on tient aujourd'hui pour y inscrire les charges de personnel, et dont le défaut capital, sans parler de l'insuffisance des justifications, est de ne pas permettre la référence entre les moyens d'action sortis (soldes et salaires) et ceux qui les remplacent (travail produit). Ce serait cependant tout aussi intéressant ici que pour tous autres moyens d'action, car le personnel d'une entreprise représente ces deux éléments inséparables, le travail et le talent, par lesquels se trouve modifiée la valeur du capital.

Nous nous arrêterons donc ici, jugeant que de nouveaux exemples seraient superflus, puisque leur examen nous fournirait seulement l'occasion de montrer que toutes les opérations conduisent à faire entrer et sortir les moyens d'action de l'une des manières que nous avons déjà dites.

Mais nous croyons qu'il ne sera pas sans intérêt, en finissant, de résumer, dans une nomenclature du genre de celles que chaque administration aurait à dresser, les différents comptes que nous avons vu jouer dans les quatre exemples ci-dessus.

SPÉCIMEN

DE

NOMENCLATURE DES COMPTES

N. B. — Cette nomenclature est limitée aux comptes que l'on a vus jouer dans les quatre exemples qui précèdent, mais cela suffit pour donner une idée exacte de la manière dont la nomenclature générale des comptes devra être dressée par l'Administration de l'entreprise, suivant le régime adopté par elle.

PREMIÈRE HYPOTHÈSE.

Les comptables d'origine (détenteurs des moyens d'action) relèvent directement de la direction suprême.

PREMIER CAS. — *Entreprise commerciale mettant ses marchandises en magasin au prix coûtant, et dont les débiteurs et les créanciers ne sont pas assez nombreux pour qu'il soit nécessaire de les partager en catégories.*

COMPTES GÉNÉRAUX	COMPTES COLLECTIFS	COMPTES SIMPLES
A MOYENS D'ACTION	1. Caisse.	Caisse.
	2. Immeubles.	Par immeuble.
	3. Mobilier.	Par article de mobilier, suivant l'individualité déterminée dans l'inventaire.
	4. Outillage.	Idem.
	5. Marchandises en cours de transport, en instance de recette, etc. . . .	Par fact. de livraison.
	6. Magasin (marchandises en), au prix coûtant.	Par march., telle que l'invent. la présente.
	7. Laissées pour compte (marchand.)	Par client débiteur.
	8. Comptes courants : Débiteurs. . . .	Par débiteur.
	9. Idem. Créanciers. . .	Par créancier.
	10. Matériel en cours de remise ou de réparation.	Par remise.
	11. Salaires ou solde du personnel de l'entreprise.	Par personne.
	12. Litiges.	Par litige.

COMPTES GÉNÉRAUX	COMPTES COLLECTIFS	COMPTES SIMPLES
B RÉSULTATS ÉCONOMIQUES.	1. Frais généraux.	En divisant suivant les catégories que l'administration voudra connaître et qu'elle aura déterminées, les suivantes par exemple : 1. Traitement du gérant. 2. Appointements des employés. 3. Frais de voyage (pour le commerce). 4. . . . . 5. . . . . 6. Réparation et entretien du matériel en service. 7. . . . . 8. . . . . 9. Intérêts ou loyer de la totalité du capital c'est-à-dire du chiffre des ressources nettes et franches de toutes charges.
	2. Dépérissement.	1. Par usure naturelle. 2. Pour d'autres causes.
	3. Profits et pertes.	1. Différence entre le prix de magasin et le prix de vente. 2. Rabais sur les laissés pour compte. 3. Excédents et déficits régulièrement approuvés comme étant le fait des affaires. 4. . . . . 5. . . . .
C MOUVEMENTS DE COMPTABLE A COMPTABLE. (Compte d'ordre.)	NÉANT. (Dans l'hypothèse où nous nous sommes placé, le compte général des mouvements de comptable à comptable ne se subdivise pas, attendu que la direction suprême voit, chaque jour, ces mouvements se balancer dans le bordereau récapitulatif.)	NÉANT.

2e Cas. — *La même entreprise, mais mettant ses marchandises en magasin au prix marqué pour la vente, sur lequel elle calcule ses rabais ou escomptes, ou bien les mettant en magasin à un prix fixe, irréductible.*

Nous croyons inutile de donner un spécimen de la nomenclature à dresser dans ce cas ; le lecteur fera aisément, de lui-même, les changements nécessaires dans le titre du compte A 6 et dans celui des comptes B, 3, 1 et B, 3, 2.

3e Cas. — *Entreprise ayant exclusivement pour but l'exécution de travaux, c'est-à-dire la transformation de matières premières.*

Même nomenclature que ci-dessus, à ces différences près :

1° Qu'un compte collectif de travaux en cours viendrait prendre place, sous le n° 13, dans le compte général des moyens d'action ;

2° Que les frais généraux, le dépérissement (que nous avons cru devoir détacher de ces derniers) et les excédents ou déficits régulièrement approuvés, viendront former les frais à répartir, faisant partie, sous le n° 14, du compte général des moyens d'action ; tandis que d'autre part le compte général des résultats économiques ne comportera plus que les trois catégories suivantes :

Solde en fin d'exercice du compte des frais à répartir ;

Différence entre le prix coûtant ou de revient et le prix de vente ;

Rabais consentis sur les laissés pour compte.

DEUXIÈME HYPOTHÈSE.

Entreprise dont l'organisation administrative comporterait *au moins* une direction de travaux et une autre direction, ces deux directions relevant directement de la direction suprême, ou d'un même chef-lieu administratif.

La nomenclature, dans ce cas, sera une combinaison des nomenclatures ci-dessus ; seulement, elle prescrira aux comptables d'origine de diviser leurs mouvements de comptable à comptable en deux catégories, savoir : mouvements entre comptables appartenant à la même direction, et mouvements entre comptables relevant de deux directions différentes.

Si l'entreprise comprenait plusieurs chefs-lieux administratifs, il est clair que la nomenclature générale des comptes devrait prescrire un troisième compte collectif de mouvements de comptable à comptable, pour les mouvements effectués entre deux chefs-lieux différents.

Il ne nous reste, pour finir, qu'à dire comment on pourra, sans courir aucun danger, s'éclairer expérimentalement sur les mérites de la comptabilité rationnelle, afin d'arriver à la substituer en connaissance de cause aux écritures aujourd'hui en usage.

C'est surtout dans nos administrations publiques que l'on doit désirer de la voir promptement mettre en pratique, car elle seule est capable de montrer ce qui s'y gaspille de temps et de matière.

Cette réforme est moins urgente dans les administrations privées et dans certaines administrations publiques étrangères, où l'on dispose d'une comptabilité en partie double par laquelle, plus ou moins parfaitement, on est éclairé sur la situation. Mais chez nous, où les écritures employées par les administrations de l'État sont absolument impropres à donner ce résultat et à assurer l'ordre, c'est un devoir que de mettre fin, le plus vite possible, à une situation si pleine de dangers et si peu de nature à assurer la bonne gestion des ressources du pays.

En Angleterre, lorsque l'on se fut décidé à réformer la comptabilité des arsenaux et que l'on y fut parvenu, ce qui ne se fit ni sans difficultés ni sans résistances, parce qu'il s'agissait d'appliquer la méthode en partie double (la seule comptabilité connue jusqu'à présent), qui exigeait des changements dans l'organisation administrative, — inconvénient dont la comptabilité rationnelle est exempte, — on fut récompensé de ces efforts, dès le premier exercice, par une économie de 50 millions sur un budget de 238 millions, en chiffres ronds, d'après le rapport de M. le capitaine de vaisseau Foullioy. (Voir le *Bulletin maritime et colonial*, avril, mai et juin 1873.)

On peut juger par là des profits qu'on réaliserait par l'adoption, dans tous les services, d'une comptabilité irréprochable, sans parler des avantages, sans doute bien plus grands encore, qui résulteraient de la mise en lumière des actes de chaque administrateur.

La comptabilité rationnelle, nous le répétons, grâce à la corrélation toujours vérifiable qu'elle permettra entre les comptes de moyens d'action, constituera l'enquête permanente la plus complète qu'on puisse imaginer, et donnera le moyen de suivre jour par jour, sans déplacements et sans frais, les variations de la richesse publique s'il s'agit de l'État et de la richesse privée s'il s'agit du commerce et de l'industrie.

Or, rien n'est plus facile que de faire, sans rien compromettre, l'essai de la comptabilité rationnelle, pour s'éclairer sur ses mérites avant de l'adopter d'une manière définitive. Il suffit de l'appliquer dans un des établissements de l'État, concurremment avec les écritures actuelles.

De cette façon, non seulement on conservera, à tout événement, les écritures dont on se contente aujourd'hui faute de mieux, mais on pourra facilement y comparer la comptabilité rationnelle, tant au point de vue du caractère pratique et de la simplicité, qu'au point de vue des résultats obtenus.

Ce qui rend possible une expérience de ce genre, c'est que la comptabilité rationnelle peut très bien s'accommoder des pièces justificatives que l'on établit maintenant dans toutes les administrations, y compris celles de l'État, et qu'il ne s'agit que de les engager autrement dans les écritures.

Une pareille application faite à titre d'essai montrera non seulement que la comptabilité rationnelle répond à tous les besoins, mais encore qu'elle est aussi simple en pratique qu'en théorie, et plus simple que ce qu'elle doit remplacer.

C'est même cette simplicité qui nous fait croire que, dans ses grandes lignes, nous l'avons amenée à son état définitif, sans préjudice des améliorations qu'amènera la pratique, et que nous avons bien rencontré la vérité.

Comment y sommes-nous parvenu ? Newton, à qui l'on demandait comment il avait découvert la loi de l'attraction universelle, répondait :

« En y pensant toujours. » Ce moyen ne réussit pas seulement aux hommes comme Newton, et, nous aussi, c'est « en y pensant toujours, » sans nous laisser décourager par ceux qui proclamaient chimérique l'entreprise de créer une comptabilité uniforme et irréprochable, que nous avons pu dégager de tous les nuages qui les enveloppaient les principes d'une science qui, nous le sentions, devait être aussi simple que rigoureuse.

Amenée à cet état, la comptabilité devient enseignable, comme toute autre science exacte, et même facilement enseignable, résultat qui n'avait pas encore pu être atteint, parce que chaque maître enseignait une méthode différente de celles des autres, et différente d'elle-même suivant les cas auxquels il s'agissait de pourvoir.

La théorie de la comptabilité rationnelle peut, au contraire, se ramener à quelques mots :

Ouvrir un compte particulier — en quantité et en valeur ou en valeur seulement, selon le cas — à chacun des articles dont se compose l'inventaire général par lequel s'ouvre la période d'activité des affaires d'une entreprise quelconque.

On obtiendra ainsi les comptes simples des moyens d'action que possède cette entreprise à son point de départ, et à l'aide de ces comptes simples on formera ensuite les comptes collectifs en argent des différentes classes de moyens d'action, puis le compte général, également en argent, de ces moyens d'action, duquel sort le capital de l'entreprise.

Cela fait, pour savoir, sans erreur possible, ce que devient ce capital pendant la période d'activité ou, plus exactement, — car c'est là qu'a toujours été l'équivoque, — ce que devient le compte général des moyens d'action, à l'aide duquel on a déterminé le capital, dont le chiffre doit servir de terme invariable de comparaison pour apprécier les résultats de l'activité et du talent du personnel de l'entreprise et spécialement du chef suprême de ce personnel; pour cela, disons-nous, il suffit d'enregistrer les pièces justificatives élémentaires au fur et à mesure qu'elles se produisent, en les regardant comme les ordres de mettre en mouvement les moyens d'action possédés par l'entreprise, soit qu'on en dispose pour les consommer, ou pour les échanger contre d'autres d'une valeur égale ou différente qui viennent les remplacer.

Telle est, dans son admirable simplicité, la comptabilité rationnelle, et la précision de ses résultats n'est pas moins surprenante que la simplicité de ses principes.

C'est ce que nous nous sommes efforcé de montrer dans le cours de ce travail et nous espérons y avoir réussi, malgré la nécessité où nous nous sommes trouvé d'expliquer en même temps les défectuosités des écritures actuelles, ce qui compliquait beaucoup notre tâche, mais ce que nous ne pouvions pas nous dispenser de faire.

CONCLUSION

Nous espérons avoir démontré que la comptabilité, pourvu qu'elle soit rationnelle, est bien le moyen de rendre effective la responsabilité des ministres, tout en éclairant ceux-ci sur la manière dont les mesures ordonnées par eux sont exécutées, et sur le mérite de leurs subordonnés à tous les degrés de la hiérarchie.

D'ailleurs, d'une façon plus générale, la découverte de la comptabilité véritable nous paraît de nature à faciliter singulièrement la solution de tous les problèmes de l'économie politique.

La comptabilité existe maintenant, avec les moyens pratiques de l'appliquer et, tout d'abord, d'en faire l'épreuve expérimentale, spécialement dans les administrations de l'État, sans aucun risque. Le soin que nous avons donné à son étude et l'expérience que nous avions acquise de ces matières dans le cours de notre carrière font que nous ne redoutons pas la discussion de notre œuvre, sans d'ailleurs prétendre à aucun degré que celle-ci ne puisse pas être améliorée. Nous craignons bien plutôt l'indifférence ou les résistances prenant leur source dans des préjugés longuement enracinés. Espérons pour notre pays que ce danger pourra être évité et que, la question une fois posée, elle sera examinée avec le soin qu'elle mérite en raison des résultats qu'elle comporte.

MODÈLES DES IMPRIMÉS

DE LA

COMPTABILITÉ RATIONNELLE UNIVERSELLE

On les trouvera à la librairie GUILLAUMIN

14, RUE DE RICHELIEU, 14

Modèle N°. 1.

JOURNAL OU GRAND-LIVRE DES COMPTES TENUS EN VALEUR SEULEMENT

. . . . (1) . . . .

Nos DES PIÈCES	DATES	COMPTES DÉBITÉS OU CRÉDITÉS (2)	SOMMAIRE DES OPÉRATIONS	DÉBIT	CRÉDIT

(1) Lorsque cet imprimé sera employé comme Grand-Livre, on indiquera ici le titre du compte particulier, en rappelant en outre sommairement, d'après la nomenclature des comptes de l'entreprise, le compte général et le compte collectif dont ce compte particulier dépend.

(2) Les comptes généraux et collectifs opposés dans l'opération seront désignés sommairement dans cette colonne d'après la nomenclature des comptes.

Modèle N° 2.

JOURNAL OU GRAND-LIVRE DES COMPTES TENUS EN QUANTITÉ ET EN VALEUR

. . . . (1) . . . .

Nos des pièces	Dates	Origine des entrées et destination des sorties (2)	Espèce de l'unité	Prix	ENTRÉES				SORTIES				
					Numéros des étiquettes (3)	Quantités	Valeurs	Totaux par mois	Numéros des étiquettes	Pointage (4)	Quantités	Valeurs	Totaux par mois

(1) Voir la note (1) du modèle précédent.
(2) Voir la note (2) du modèle précédent.
(3) Ici sera indiqué le numéro de l'étiquette établie pour chaque recette, numéro qui pourra être celui de l'enregistrement au Journal.
(4) Cette colonne est destinée à recevoir un signe montrant qu'à l'épuisement de l'étiquette on a vérifié si les quantités délivrées représentent bien le montant de cette étiquette.

Modèle N° 3.

BORDEREAU POUR L'ENVOI JOURNALIER DES PIÈCES JUSTIFICATIVES

N°______ d'Enregistrement (1) ________________________

au Journal de la Direction (2) ________________________

qui reçoit le bordereau. (3) ________________________

BORDEREAU N°________ des pièces comptables.

Journée d__________________18______

COMPTES DÉBITEURS

Désignation sommaire des COMPTES GÉNÉRAUX ET COLLECTIFS	RÉCAPITULATION (6) par comptes	
	sans Condensation	après Condensation
	TOTAL	

COMPTES CRÉDITEURS

Désignation sommaire des COMPTES GÉNÉRAUX ET COLLECTIFS	RÉCAPITULATION (6) par comptes	
	sans Condensation	après Condensation
	TOTAL	

*Arrêté à la somme de*________________________

____

____________ *le*________________ *18*______

(4)________________________

Vu et vérifié

(5)________________________

(1) Désignation de l'entreprise.
(2) Désignation de la Direction dont relève le Comptable signataire du bordereau.
(3) Désignation du service du Comptable signataire du bordereau.
(4) Désignation de la qualité du signataire du bordereau.
(5) Désignation de la qualité du Vérificateur. — *N. B.* La vérification des pièces justificatives qui accompagnent les bordereaux est obligatoire pour la Direction dont relèvent les Comptables d'origine (tandis qu'elle n'est que facultative pour les Directions plus élevées). Si le Comptable centralisateur institué près de cette Direction est obligé de se faire aider par d'autres personnes dans sa vérification, celles-ci indiqueront sur les pièces elles-mêmes sous la responsabilité de leur signature, la part qu'elles ont prise à ce travail.
(6) Comme les opérations doivent être inscrites aux pages 2 et 3 du bordereau, dans l'ordre des pièces justificatives, il en résulte que les totaux obtenus par comptes collectifs ne se présentent pas dans l'ordre assigné à ces comptes dans la nomenclature générale. Le tableau de la première page permet au Comptable qui dresse le bordereau de rétablir ces comptes dans leur ordre, tout en les condensant suivant les besoins de la Direction dont il relève. — A la direction suprême, la condensation se fait non plus en comptes collectifs, mais en comptes généraux.

COMPTES DÉBITEURS											NUMÉROS DES PIÈCES au journal du Comptable qui dresse le bordereau.
1	2	3	4	5	6	7	8	9	10	11	A

MONTANT DE CHAQUE PIÈCE	COMPTES CRÉDITEURS										
B	1	2	3	4	5	6	7	8	9	10	11

Les comptes Débiteurs et Créditeurs seront désignés sommairement dans les colonnes I à II par les lettres des comptes généraux et les numéros des comptes collectifs de la nomenclature générale des comptes dressée pour chaque entreprise.

Saint-Denis. — Imp. Ch. LAMBERT, 17 rue de Paris.

www.ingramcontent.com/pod-product-compliance
Ingram Content Group UK Ltd.
Pitfield, Milton Keynes, MK11 3LW, UK
UKHW020150200726
13856UKWH00003B/928

9 782011 778871